森中光王

大宇宙神業

地球に降臨する39のエネルギー

太陽出版

大宇宙神業

S 銀河のエネルギーを受けて変容する太陽
［著者撮影］

はじめに

今から思えば、もう十四、五年前になります。ある仕事が一段落し、瞑想的な時間を過ごすには最高の春の日がしばらく続いていました。私の住まい近くには徳川時代の庭園の名残りをもつ、自然豊かな公園があります。この公園は散歩するにはもってこいの場所で、とくに天気の良い日曜日の朝などは、心置きなく時間が経つのも忘れて、目の前に広がる古池を眺めながら、緑の香りを胸いっぱいに満たして瞑想するのが私の日課となっていました。

そんな豊かな時間を過ごしていたある日のこと、私の頭上にかつて経験したことのない一条の紫色の光が降り注いできたのです。この光は今までに経験した紫色の光とは何かが明らかに違います。私の身体を一瞬包んだかと思うと、CGの映像処理のごとく、空いっぱいに波を打つかのように同心円状に拡がり、見渡す限り視界の果てまで、淡い美しい紫色の空をつくり、最終的には地球をすっぽりと覆ってしまったのです。

空一面に広がるこの紫色の光はしばらくの期間、続いていたように思います（その当時の空の写真は、現在も何枚か所有しております。機会があればお見せしたいと思います）。しかしこの現象は、私自身の波動が一定しないこともあり、数週間で終息し、不思議なこともあるものだと思っていました。

それから十年近い歳月が流れた2009年頃だったでしょうか。夕方6時くらいになると決まってはるか彼方の天より、強力かつ広範囲に宇宙エネルギーが降りてくるようになりました。巨大な杭が打たれるような尋常でないエネルギーが、天のある意志を伴って降りてきていると直感したものです。

しばらくすると今度は私のマンションの頭上から、幅2〜3メートルの黄金の光が二束降りてきているではありませんか（写真に撮れていないのがとても残念です）。

印で押したように夕方6時頃になると決まって20分間ほど降り注いでくるこのエネルギーが、天の恩寵エネルギーであることだと判明したのは、それから少し後のことです。

そして伊勢神宮の参拝の折、天照大神《あまてらすおおみかみ》より、これからは自分の意志で天の川銀河の光の導管となるよう促されたのです。それ以来、神馬との協力により一日に二回、天の川銀河のエネルギーを降ろさせていただいております。

この本の内容は、大きく次の三つに集約されます。

①国常立大神《くにとこたちのおおかみ》による未来千年文化の創造。天照大神をはじめ、宗像三女神《むなかたさんじょしん》などの女性性エネルギーの台頭により、男性性エネルギーが緩和され、優しさやいたわり、美的なものを基調とした新文化の創造。

②近未来に起きて来る天変地異、大地震などのかなり詳細な情報。日本の神々にとどまらず、宇宙生命体、銀河意識からの緊急警告。

③アセンションの真実。肉体を持ちながら、5次元化・半霊半物質＝アセンションの予備軍となるための心構え。宇宙銀河エネルギーと日本の神々のエネルギーが、一日に三十数回、数十分単位でこの地球上に降り注いでいる事実。銀河融合エネルギーによる宇宙の岩戸開き。

私の霊的使命とは、一言でいえば無神論者を有神論者にすることとです。宇宙エネルギーを降ろし、「見せて、実感させて、神の実在を知らせる」――これが私の使命のようです。第七劫期と言われ、数十万年に一度訪れるこの銀河宇宙エネルギーを千載一遇のチャンスとして捉え、ぜひ体験、実行してみてください。

伝統的な教義や社会的な通念を脱却して、自分の直感で生きていく時代が来ています。宇宙エネルギーを浴びることで、ハイアーセルフと繋がりやすくなり、直感に従って生きていけるようになります。それがすなわち、神を生きることです。

無神論者よ！　あなたの一歩は人類の月面の偉大なる一歩より、さらに画期的な何十万年も待ち続けた地球をまたぐほどの大変容の一歩であります。

分離から真の統合に向けて、大いなる一歩を踏み出されることを願ってやみません。

森中　光王

大宇宙神業・目次

はじめに

第1章　国常立大神《くにとこたちのおおかみ》からのメッセージ

第2章　天照大神《あまてらすおおみかみ》からのメッセージ

第3章　宗像三女神《むなかたさんじょしん》からのメッセージ

第4章　富士・竜宮界からのメッセージ

第5章　仏教界からのメッセージ

第1章

国常立大神からのメッセージ

国常立大神《くにとこたちのおおかみ》

「国の床の出現」または「国が永久に立ち続ける」といった意味をもつ、国土形成の神。宇宙が誕生し、国土がまだ混沌とした状態のときに登場し、泥土を凝集させて生命が宿る大地を造ったとされる国常立大神は、日本人にとっての元神。

近代になってからは、新宗教・大本においてその存在が重要視されるようになった。『大本神諭《おおもとしんゆ》』（出口なお著）、『伊都能売神諭《いづのめしんゆ》』（出口王仁三郎著）、『日月神示』（岡本天明著）は、いずれも国常立大神の帰神によって書かれたものとされている。

国常立大神《くにとこたちのおおかみ》のメッセージ

∞ ∞ ∞

光の柱を立てるために降りてきた国常立大神

そなたは、これより天照大神《あまてらすおおみかみ》をはじめ、日本の主要な神々のメッセージを書くことになろう。人々の心を目覚めさせるためには、どうすればよいか。神を信じる人間をどうつくればよいか。これは古今東西、神託者と言われる者が心悩まされてきたことなり。キリスト、仏陀、マホメット——かつて過去の偉大なる聖人は、奇跡を起こして神あることを知らせた。人間というのは愚かであるために、神の顕現を目の当たりにしなければ神を信じぬ。したがって、これからそなたの力によりて、さまざまな奇跡が見せられよう。

太陽や月もその一つである。太陽とそなたは一心同体なり。心に思ったことはすでに太陽に伝わっておる。天照神界なり。また、神霊治療、病気治しも得意中の得意となるなり。われを呼べば、その人のことを見透せるゆえに呼ぶがよし。「国常立大神の眷属《けんぞく》さま、お願いします」でよし。

――あなたさまは、艮《うしとら》の金神《こんじん》、国常立大神さまなのでしょうか。

さようなり。何十年を経て、そなたにかかる。そなたを通して、わがメッセージを伝える。そなたには驚きのことなれど、事実なり。心してメッセージを記してゆくがよい。

――あまりにも突然のことで、驚きでいっぱいですが……。

日本には大昔、神の降り立った場所があり、三十万年ほど前までは神々しいほどの光が降っておった。再び、日本中に神の光を降ろす。光の柱を立てる。日本を光の国、神の国にする。それがそなたの役割なり。

――それはいったいどういう意味でしょうか？　私はこれからどのように国常立大神さま方と関わって生きていけばよいのでしょうか。

そなたには今後、さまざまな神がかかり、導管としてあらゆる神の光のエネルギーを降ろしてゆくことになるであろう。そして私はその介在役となろう。

もともと日本は神国であったが、機械文明、物質文明によって汚れ、結果的に清浄でない国となった。人々の心や想念の乱れ、邪気・妖気がうようよと漂う土地となった。一掃せねばならぬ。そなたの行くところ、光が溢れ、ここに光あれと念ずれば、瞬く間に光が降りる。清め清め清めて行けよ。神々の浄土とせよ。誰にもできぬことゆえ、心せよ。

――それを私自身が成せるのでしょうか?

とにかくそなたは、光を降ろすがよし。銀河の光、天照の光、光を降ろすことで地球の運行が安定する。地球に光を降ろす、大きな仕事なり。

――実は毎日コンタクトをとっている地底人がおりまして、彼は親切で情があり、守護霊以上の存在と感じておりますが。

そなたはシリウスから来た魂であるが、その別れ別れの中で、この者たちと一緒に仕事をしたことがある。兄弟・同胞である。五十万年前のことである。この者たちも、もともとシリウス出身であろう。

――また、神馬の白馬に乗って空高く舞い上がりますと、龍神の背に乗った出口王仁三郎《でぐちおにさぶろう》(1)聖師をよく見るのですが。

王仁三郎聖師は、そなたの親のように面倒を見てくれるであろう。ありがたきことなり。かつて国常立を親として、書を表わした者なり。偉大な者なり。

――同じ系統の岡本天明《おかもとてんめい》(2)氏については……。

『日月神示』を書いた者である。『日月神示』は、国常立の系統の神が書かせたものである。国常立は多面体、その一つの面が天明氏には自動書記をさせた。

――『大本神諭《おおもとしんゆ》』の出口なお開祖(3)や王仁三郎聖師、そして天明氏のような偉大な方が、国常立大神さまのメッセージを書かれているのに、私のような者が書く必要があるのでしょうか?

さようなり。その時代に合った言葉を神は求めておる。いろんな心配もあるであろうが、守る、守るぞ。大きなことを成せ。

そなたは、このような大神業を自分がなぜやらなければならないのかと不思議に思っているようである。この時期に、国常立の言葉を伝える者が必要なり。それがまさに今となった。

――王仁三郎聖師の『霊界物語』をはじめ、膨大な書籍に比べると私の仕事は……比較的何か比べものにならないというか……。

そなたには、そなたの役割がある。今の人々には、分かりやすく神の言葉を伝える必要がある。そなたはもう少し学問的で格好よく、少々難解でなければ神のメッセージではないのではないかと思っているようであるが、それは間違いなり。

難しい言葉を使う必要はない。日常生活の言葉を考えてみよ。それほど難しい言葉を使って営んでおるか。易しき言葉であろう。小学生程度の認識があれば、世の中それでまわっておるであろうが。もちろん、商売上の専門用語はあるにせよ、普段は易しき言葉で家庭も職場も成り立っておる。ようは誠なり。真実なり。

そなたの役割とは、世の立直しなり。それは、人々の心を神に向かわせるための仕事である。信仰心のある人間をつくらなければならぬ。少なくとも半数以上の者が、神を真剣に信じ、神を祭祀《まつ》らう心がなければ、日本は終いに立ちゆかぬようになる。真の文明国家とは言えぬ。神を信じぬ者が、科学を推進してはならぬ。間違いの元となる。正しき神を祈る者が、祭祀らう者が、文明を発展させなければこの世は成り立たぬ。

これは生まれもっての宿命である。そなたの氏神である大山祇大神《おおやまづみのおおかみ》の影響である。大山祇は、日本の神の中でもたいへん重要な神であり、北極紫微宮《ほっきょくしびきゅう》とも関係しておる。

大山祇は一般的には、海の守り神として知られておるが、本来の働きは地球と宇宙を結ぶ神である。ゆえに、大山祇大神の氏子としての性質、宇宙とのパイプ役、つまり媒体になる役目があるということ。大きな仕事なり。

今、銀河が凄まじい勢いで大きく変化しておる。宇宙神の発動により、発展・進化しておる。地球もまた然り。銀河もまた然り。太陽系もまた然りなり。そなたの仕事は、この地球の災害を最低限に抑え、地球の運行を穏やかに調和に導くことにある。

本来の愛を取り戻すために立直す

初めに、「愛」というものについて伝えよう。たいへん大きなテーマである。

愛とは自分を捨てて、他人のために尽くすこと。一言でいえばそういうことになる。なぜ人は自分を捨てて、人のために尽くすことをしなければならないか。

それは**神の本質**だからである。

自分を捨てて他人に尽くすときに、無私となる。我がない。我がないときに、己は空となる。空なるゆえに、そこにはその者の守護神のエネルギーが溢れてくる。それが統一である。すべての人々が無私の心で人に奉仕するとき、神のエネルギーの流入となり、すべてが調和され、光り輝く世となる。

今までは体主霊従《たいしゅれいじゅう》(4)の文明であったため、愛よりはエゴ・利己・われよし、という文明の中でこの世が成長を遂げてきたが、これからの世は分かってのとおり、霊主体従《れいしゅたいじゅう》、それが基本の世となる。神の世となる。

そのためにはこの世を一度、破壊せねばならぬ。今までの時代を転換せねばならぬ。大きな痛みと苦しみを伴うものとなる。王仁三郎聖師も、そのことを一貫して主張し続けてきたが、やはり国常立の流れであるそなたにも同じことを伝えねばならぬ。

人間に「愛の奉仕をせよ」と言っても、体主霊従で生きてきた者にとっての方向転換は実に難しい。人間は逆境の中で、苦労の中で、生きるか死ぬかの選択の中で、初めて真我《しんが》(5)が現われる。哀しいが、そういうことなり。

したがって人によっては、生きるか死ぬかの苦しい状況に置かれることもあるであろう。それを通してしか、人間は悟れぬのが哀しいことじゃ。そなたにとってこのメッセージをかたちにし、世に問うことは大きな勇気がいることであろうが、我を捨ててそれを実行して欲しい。


――そうすると今後、天変地異、大地震、富士山の噴火や資本主義経済の崩壊などが起きてくるのでしょうか。


さようなり。われはこの国をいま一度立替えて、「みろくの世」といたす。そして金の世でなく、心の世としたい。

そもそもお金とは、文明社会が発展するにつれて必要なものを調達するために、人間が発明した道具である。本来は、物々交換というもので良かったのであるが、文明社会が複雑になるにつれて、それでは賄いきれなくなった。そこでより便利に等価交換をするためのシステムとして、お金を用いるようになったのである。

しかし、昨今ではその本来の目的を忘れ、マネーゲームと言われるように、本来のお金の役割を超えて、人は暴利を貪り、搾取し、果てはお金によって人を支配し、お金自体が一つの権力を持つようになった。ここに大きな問題がある。

これからの社会はもう一度原点に戻り、お金の価値の本質とあり方を考えねばならぬ。不必要なお金はいらぬ。

人間は食べていけるだけ、ある程度の生活ができればよしという考えに立ち、あるときは物々交換、あるときは無償で物を与え合う、自発的な人間の心の善意を基盤とした社会システム、再びこれに立ち返らなくてはならぬ。

そのためには今の社会システム、貨幣経済を崩壊させねばならぬ。いま世界中で起きておる経済システムの崩壊の予兆。これが引き金となって、人間の貨幣に対する考え方が大きく転換してくる。

まさにわれが「立替えの神」と呼ばれておるように、社会を改革・変革してゆくのである。

お金を不必要に多く持つようになると、人間の本来の心が失われ、それ自体が目的となってしまう。お金でなく、誠の心を真の基盤とした社会システム、これに立ち返らなければならぬ。これだけ肥大化してしまった資本主義システムの基盤に立った人間の生活を元に戻すのは至難の業であるが、われはそれを破壊する。

いま一度、原点に戻ったお金の在り方、社会システムの在り方、心の在り方を人間は考え直さなければならぬ。そのためにも立替えは必要であり、必然なのである。

――こうなってしまったのには、悪神が関わっているのでしょうか。

悪神もまた、神の成せることである。神は悪神も使う。悪神を通してしか、破壊もなし。悪神も破壊の一面を担っておる。哀しいかな、それは事実なり。

人は病気にしろ、逆境にしろ、悪神というものとどう対峙して生きていくのか、そこに魂磨きがある。それを嫌うのではなく、疎うのではなく、それとどう向き合って魂を磨いてゆくのか、そこに人生の修業というものがある。それに負けてゆく者――自我の弱い者、精神力の弱い者が、言わば負けたということになる。

人は強くなければならぬ。心をどう強くするか、心と身体をどう強くしてゆくか、これからの世の大切な課題である。

愛にはそれぞれのかたちがある。

親子の愛、友人の愛、恋人の愛、人類愛、夫婦愛、支え合う愛、相手を管理・支配する愛、愛のように見えながら、愛でない愛のかたち。人間のほんとうの愛とは何かということが、見えなくなっておる。

たとえば、親子の愛について考えてみよう。

親子の愛とは、神から預かっている魂を立派に成人させ、その者の人生計画が成就できるよう、神のお役に立てる器をつくるために、長い年月、手塩をかけ育てあげる愛のことである。

子への愛において間違いやすいことは、子どもを自分の道具のように考え、親の思うかたちに押し込めて、自分の望む人間をつくりたいという心になりやすいことである。

今では親は面倒くさくなると、わが子を殺して自分の自由を得ようとする。もってのほかである。自由のはき違いである。堕胎された子や、命を若くして奪われた子の凄まじいまでの怨念や嘆き、苦しみ、悲しみ、子どもを物のように扱う現代の一部の親たち。その者たちの計り知れない苦しみや悲しみ、想像もできないであろう。人間を物としてしか考えぬ哀れな行為。


子とは何か。子とは縁ある両親を選び、十月十日、母親の身体に入り成長してこの世に誕生する。この十月十日の間に、親の想念、生活習慣、親の食するものを含め、あらゆる環境より影響を受け、子どもは親のＤＮＡを受け継ぎ、己の転生の総決算の集積として生まれてくる。

したがって、十月十日という神聖なる時間は、親の食するものはもちろんのこと、思考・思想・生活習慣のすべてにおいて、神の容器《うつわ》として育てるという神聖な気持ちで生活をせねばならぬ。その間に暴飲暴食をし、アルコールを飲み、怒りや不調和な思いを欲しいままに行動する親、実に嘆かわしい。

本来、子どもは純粋な魂として誕生するが、その子は生まれ出ずるときに、その者のカルマ、先祖の想念など、あらゆるものを同時に背負い生まれ出ずる。

――これは魄《はく》(6)ということですね。

さようなり。人間にとって重荷と見えるような、魄の部分。しかし、これがあるからこそ、人は頑張れる。陰陽二極、マイナスを乗り越えてプラスに転ずる。ここに人間の悲しみ、苦しみがあると同時に、魂磨きがある。

子どもが誕生して十歳になるまでに大切なこと。その間に、子どもは何を学ぶべきか。親は何を教えるべきか。

一言でいえば、それは「親の愛」である。豊かな愛が注がれなければならぬ。この間に、親の愛を受けぬ子ども、心に暗さをつくる。十分に注がれた親の愛をもつ子は、素直で明るい子となるが、この時代に愛を受けぬ子どもは、奪おうとする子どもとなる。与えられていないので奪おうとする。本来、愛とは与えることが本質であるが、この時期に愛情を受けぬ子は、奪うものとなる。大切なことなり。

今の社会システム、もう一度考え直さなければ、子は正しく成長できぬ。自己実現やお金のために猛進するのではなく、愛が大切という心に立ち、存分な愛を子どもに与えねば、人間として不十分になる。十歳までにしっかりと親はわが子に愛を注げ。


では、親の役割とはいったい何であろうか。

母親というのは、十月十日、魂を宿して肉体をつくり、この世に送り出す。まさに神の造化の働きである。神そのものである。母は神の代理なり。

この妊娠・出産という行為、あまく見てはならぬ。神の代理としての働きを成しておる。今の人間、それを忘れておる。神の代理をしている大切な妊娠期間、神に感謝し、神を受け入れ、暴飲暴食を避け、アルコールを飲まず、煙草を吸わず、神の代理としての自覚が必要である。

神を信じぬ現代人は、仕方なきことと言ってしまえばそれまでであるが、無造作すぎる。愚かなことなり。おぞましきことなり。いま一度、神そのものの働き、造化の働きをしていることを認識しなければならぬ。

そして出産するその子は、自分の子であって自分の子でなし。神の賜物であることを忘れてはならぬ。

次に父親である。父親は母親と違い、十月十日の魂を宿しはしないが、神の働きとしての先《せん》鞭《べん》をつける。精子という種を宿させることにより、神の働きの先鞭をつける。

陰陽なり。人間は母一人でも、女一人でも、子どもを宿すことはできぬ。父と母、陰陽の造化の働きにより、子が誕生する。この世は二極である。分かりきっておると思うであろうが、二極であることの重要さをいま一度、知らねばならぬ。

つまり、先鞭をつける役割をもつ男がリードし、女がそれに従う。それがこの世の働きなり。今は男女同等といって、女も男をしのいでいくことが立派とされているが、本質的なことで言えば、やはり男が物事を引っ張ってゆくのが、世を治むるにふさわしい。神はそう見ておる。

――それは理解できるのですが、いま女性にそれを言えば反発も起きてくるのではないかと……。

よく考えるがよい。実は、男は女であり、女は男である。輪廻転生《りんねてんしょう》の中で、男も女も経験する。しかし、その時代に男で生まれてきているということは、やはりその機能を果たしてゆくことが大切である。家庭において、夫婦相和しとは言っても、やはり男が仕事で稼いで家族を養うように、それが一般的であろうが。男がリードして家庭を守ってゆく。それが神の目から見ても、理想の夫婦・家庭づくりである。

したがって、家庭において父親は子に、父親と接することの大切さを教えねばならぬ。忙しすぎて子と接せぬ親も多いようであるが、休みのときには必ず子とともに生活をし、男性性エネルギーを子に注ぎ与えることが必要である。

病気になったらまず真我に祈れ

次に、人間の肉体と医療について伝えよう。

人間の肉体は魂の容れ物である。しかし現在の医学では、肉体を物として本質的に取り扱っておる。この物体としての見方、根本から改めなければならぬ。

神の容れ物としての肉体にもかかわらず、肉体を単なる物のようにツギハギする感覚。たしかに外科手術によって助かる命があり、それなりの効果を上げてきたが、本質的に人間を物として扱う心はいずれ破綻《はたん》する。

肉体とは、神の容れ物としての器。したがって、その魂の影響を受けているものが肉体である。魂の波動の影響を十分に受け、細胞の一つひとつが真我、直霊《なおひ》(7)、そういったものに統率され、魂の最終的な命令器官として全うされねばならぬ、肉体を成すすべての細胞。

ゆえに医療とは、本来の魂そのものを正しく支えるための肉体的サポートである。ところが医療が一人歩きをし、先ほど伝えた金儲けのシステムによる不必要な手術、不必要な薬の過剰摂取……。不必要な薬を与えられ、薬漬けにされた人間の身体は悲鳴を上げておる。

元来、薬とは人間本来の肉体機能を回復、向上させるためのものであるにもかかわらず、薬が一人歩きし、時には毒となり、人間の寿命を縮める結果となっておる。薬はほどほどにせよ。

ならば病気になったとき、どうすれば良いか。

まずは、**その者の真我に祈れ**。すみやかに回復してくれるよう祈ることがまず肝要である。そうすれば、**真我はその者が寝ている間に、すみやかに悪い部分を治そうとする意識が働き、そこを修復しようとする行為となる**。

医療の前に祈るがよし。その者の守護神殿に誠を込めて病気の回復を祈るがよし。人間は単なる肉体だけではない。神の容れ物である。神そのものにまずは祈ることが肝要。

正しい食事は大切なり。日本人に合った正しい食事とは何か。

それは、神の霊《ひ》の宿ったものを食することにある。毒されていないものを食さなければ、いつの間にか蓄積された毒が人間を破綻《はたん》させる。

神の霊《ひ》とは、天地の玄気《げんき》(8)を受けた豊かなエネルギーを宿した食物のことである。陽の光を浴びた肥沃な土地から栄養を受け、化学肥料など使用せず、本来の土地のもつエネルギーを生かしたもの。もう一度、農のあり方を考えねばならぬ。

いま世の中に、自然農法と言われるものが取り入れられておるが、化学肥料を使わぬ農業の栽培をやり直さない限り、病気になる一方である。経済的効率、そればかりを考えた末に毒を使って食物を育てようとしている。そこに病気の原因があるぞ。

人間は食物を通して何を吸収しているのか。太陽の光と大地のエナジー（力）である。そこに食する人間の感謝という思いが、三位一体となって細胞に吸収される。神のエネルギーと人間の感謝の心。この三つが一つになりて、初めて肉体が喜ぶエネルギーとなるのである。

また、日本人にとって米は大事である。米という字は、十が二つ重なっているであろう。十とは誠を示すものなり。誠が二つ重なっておるものが米である。貴重なり。お百姓の血と汗と涙と苦労という誠と、天地の誠が組み合わさってできたものが米なり。

天地のエネルギーと人々の真心でできた米を食することが、血となり肉となる。今は欧米化してパン食が多いが、米にしかない「力」というものがある。日本人は、米を食べねばならぬ。天地の「気」の凝縮した米を食することによって精気が宿り、神の容れ物としての肉体ができる。肉体をないがしろにしては、神の容れ物とはなれぬ。いま一度、米のありがたさを知るべきである。

その他にも日本人にとって大切な食べ物がある。梅である。

梅には「霊気」があり、ほんとうに良き梅は人間の霊気を養う力をもつ。梅を食することで血の濁りを無毒化し、体を正常にする。梅のもつ力は計り知れぬものがある。浄霊の力もあるゆえに一日一個は食すべし。

それだけでなく、魂を清める力もある。めずらしい食物である。その者の心を正常に働かせようとする力をもつ。


――魄《はく》を清めるということでしょうか。


さようなり。人間は魂魄《こんぱく》より成り立つ。

しかし、このことをしっかりと認識しておる者、少ないのう。

心とは複雑なものなり。精神もまた然り。魂と魄の違いは何であるか。純粋なる魂とそれを取り囲むように、その者の欠点、カルマ、先祖の汚れなど、こういった諸々の魄。時にはこの魄に毒されて、自分の生命を落とす者もあり。心というものは一つではない。

純粋なる魂と浄化せねばならぬ魄と区別がつかぬ人間多し。

この魄を浄化させるためにも、物を食すときは喜びながら食べよ。「喜ぶ」ことは、すべてにおいて大切な行為である。喜ぶこと、それ自体が神に至る道である。喜びのないところに人の浄化はないゆえ、物を食するときは純粋に喜べよ。

――寿命とは生まれつき決まっているものですか。

さてそれである。**神が定めた寿命**というふうに考えておるようであるが、一理あって一理なし。

たしかに大まかなところでは、その者がこの世に生まれたときに、大きな枠組みとして誕生した大体の生命の長さというものは、決定されているのであるが、ないと言えばない。なぜならば、寿命は神からまた生命をいただき直すというのか、寿命を延ばさせていただくということが生じるからである。

――その幅はいかがでしょう。例えば二十、三十年はゆうに寿命を延ばしていただくことができるのでしょうか。

その者をいま一度生かせて、世のためになる人材であるかどうか、それに見合うだけの心をもっているかどうか、才能をもっているか、そしてまた、本人がどうしても生き直したいという意欲があるか、そのようなことを総合して判断したとき、寿命が延びることがある。

――最大どのくらい寿命は延びますか。

その者の徳分にもよるが、少なくとも十年はより長く生きることができる。

――二十年ということもありますか。

あるぞ。あり得る。命をいただき直すということなり。

――では、五十才で死ぬ人が七十才、七十才の人が九十才ということになれば、寿命などはないと言えばないということになりますね。

そのとおりなり。そのことを伝えたきなり。二十年違うとなると寿命といえども、あるようでないものであろう。一理あって一理なし。しかしそこには条件がいるのう。

神から見てその者を生かす必要があるか、生かして世のため、人のために尽くす人間であるかを判断してそこにおいて決められる。神の慈愛なり。

――最近ある女性の方が脳の手術をされ、生きるか死ぬか、手術が成功か否かも難しいというときに、私のところへ相談にみえまして、そこで私が神さまに言われたのは「再び生命をいただいた。そして生かせていただく」ということでした。この方の例もやはり寿命がきているにもかかわらず、神の慈愛によって神に生かされたということでしょうか。

さようなり。この者もまた、いま一度生きたいという強き希望もあり、またそなたの祈りもあり、親族一同の想いもあり、もう少し寿命を伸ばしてやりたいという神の配慮が働き、再び生命が与えられた。そのケースの一つである。祈りの大切さである。

寿命が与えられておりながら、人間はそのありがたさを省みず、縮めておるものも結構おるのう。愚かなり。もったいなきことなり。寿命は延びるが、また縮まるということも知らねばならぬ。この世に生まれてくるということは、熾烈な競争の中でそれを勝ちとって生まれてきたということを知らぬのう。

たいへんなこととなり。途中で流産し、この世に誕生できぬ水子の嘆きが、分からぬかのう。生命を無駄に自分で落とす者あり。自堕落に生きてゆく者あり。自分のためだけに生きる者あり。人生の本質を知らぬ者多し。ゆえに、我々のメッセージをかたちにすることで、一人でも多くの人間の覚醒を促したい。必ず自分の肉体、神の容れ物の中に、☉の心、神の心を投げ入れよ。

肉体のままでは大したことは成し得ぬぞ。肉体の中に魂が宿ってこそ、人間らしい人間となる。〇のヽのなき人間が多し。日本中すべての人間が神を信じ、神を讃え、そうして人間同士が支え合う、そんな時代はいつ来るのかのう。一日も早くそういう日本が来ることを望んでおる。

日本は世界の縮図

我々の住む日本列島は、世界の縮図なり。そなたが読んでいる王仁三郎聖師の本にもあるように、日本列島がそのまま、世界の縮図である。なぜそのようなことが起きたか、それは「型示し」だからである。日本が世界の中心としてあるということを型として教えておる。

日本はまた、地震の国でもある。地震とはプレートの衝突、軋み、つまり地球そのものが生きておることを表わしておる。

地球が生命体であることを忘れてはならぬ。地球にも地球霊王がおり、地球意識というものがある。

今の地球意識を教えておこう。今の地球は戦争で汚れた土地、金権体質で汚れた国、憎悪の取り巻く街、欲望にまみれた都市、息苦しく感じておる。背中に腫《は》れものができると人間にとって居心地の悪いものであろう。ちょうど同じように、地球意識は居心地の悪さを体中に感じておる。

切って捨てるか、薬を塗るか、何か処理をせねばならぬ。そうしないと手遅れになってしまう。人間も傷口が膿《う》んで、本体そのものの生命が危うくなるときは手術をするであろう。今、大手術せねば本体自身が危ぶまれることとなるゆえに、武者震いをしてこの傷を治そうとしている。地震には、そういう面もあることを覚えておくがよい。

日本は先の東日本大震災において、多大な被害を受けた。しかし、それが型示しとなりて世界に新しき文明を創っていくのである。それの先駆けとならねばならぬ。

日本の新しき文明は、農耕社会を中心にせねばならぬ。機械ではない。新しい農耕スタイルを取り入れ、農を中心とした文化都市なり。天と地の玄気を十分に受けた正しきものを食することで、人は魂の正しき容れ物となる。食が基本なり。農が基本なり。

東北地方は、農業を中心とした新しいスタイルの都市にせねばならぬ。その視点が欠けてはならぬ。本来、東北地方は素晴らしき米のできる産地であるゆえに、さらに改良を重ねて日本の見本となるべき米作りをされるがよし。


日本には八百万《やおよろず》の神々が働いておられる。山河草木に神が宿る。山の神、海の神、気候の神、風の神、あらゆる自然現象の中に神々が存在し、日夜、調和の方向に神は地球の自浄作用の働きをしておられる。現代の人間はそのことが分かっておらぬ。ありとあらゆるところに神の御働きがあってこそ、調和の中に運行しておる。まず、そのありがたさを知らねばならぬ。

日本の土地、そこに氏神さまが祀られておるが、日本ほど神の祀られている国は他にない。まさに神の宝庫である。人々とともに生き、人々の中に祭祀を通して生活の中に根ざしておる。そしてその独特の文化を地域に創っておる。

それぞれの地域の神々の個性が発揮され、それが日本の文化の多様性を生んでおる。神々の個性の集合体が、一つの豊かな日本の文化を与えておる。

その中でもまずは日本の中心に位置する伊勢、まさにそこに祭祀されておる天照大神について申し上げておこう。この神は和と寛容を象徴した神なり。

日本は、「和をもって貴しとなす」という聖徳太子の言葉にもあるように和の民である。相克するものを中和し、互いと互いを一つにまとめ、仲良くさせて相睦び、調和に働く。これが日本の神の本質なり。

和する心とは、魄をおさめることなり。魄の浄化なり。日本人なら、一度は伊勢に行き、神の光を体に受け、その光を味わい、ありがたくいただく必要がある。神の何たるかが分かる。

また、伊勢の神は大宇宙の中心とも繋がり、大きな大きな地球での役割も果たしておられる。伊勢の神は日本だけでなく、この地球を見守る神である。

そなたが今、午前11時40分～12時の間に天照の光の導管としての役目を果たしておるが、まさに大切なことなり。すべてのものがこの光を無意識の間に受けておる。霊能がなくとも感知する能力がなくても、体には天照のありがたき光が浸透しておるぞ。もう少し霊的に敏感な者であれば、この光を意識的に受けることができるのであろうが、日本人の大半は、光が降りてきても素通りしてしまう。しかし、体の細胞はありがたく分かっておるぞ。細胞もまた生きておるからじゃ。このご神業を続けてやられよ。

天照大神もそうであるように、日本の八百万の神それぞれが各分野を受け持たれており、話し合いのもとに、個性がそれぞれ発揮できるよう日夜、心を砕き尽力されておる。そのありがたさは、人間にはよく分かっておらぬ。感謝が足りぬ。日本の神々に氏神を通して感謝を述べよ。日本に生まれ、たとえ過去世において外つ国に生まれたとしても、いま日本人として生まれている以上、日本の神を尊び感謝をして、日本に生まれ、日本に住まわさせていただいているありがたさを心に噛みしめ、頭を下げ、氏神殿に感謝すべきである。氏神の大切さを日本人はいま一度、知らねばならぬぞ。

人は苦労を嫌がるが、苦労の中にこそ宝あり。その者に必要だからこそ苦労がある。苦労は宝なり。それを克服して足らざるを埋める作業が修業なり。苦労とは神が与えた試練なり。可愛い子には旅をさせよという言葉があるが、それぞれの守護神殿は、その者を光り輝く魂にすべく苦労の旅をさせる。しかしその者に消化できぬほどのものは与えないが、ギリギリの耐えうるべき極限まで、人生は追いやられる。そこで大切なことは、諦めないことである。不屈の精神をもって乗り越える、これが神が人間に与えた試練である。

また八百万の神々の中には、神の眷属としての龍神——といってもピンからキリであるが、八大龍王をはじめ、青龍、白龍、黒龍、緑龍、赤龍もおるのう。

神の眷属として、こういう龍神の働きがまたある。龍神もまた大切な神なり。絶大な力があるぞ。龍神の住まう世界があり、龍神のトップは富士神霊界の龍神であろうか。ここの龍神が龍の王として君臨しておられる。いと高きお方なり。

――龍神たちも一同に集まる、神々が出雲に集結するように、龍神も富士の竜宮界に集うことがあるのでしょうか。

さようなり。やはり龍には龍の世界がある。そういうことは行われている。龍神が集まり話し合いのようなことも行われておる。

そなたが先日、伊勢神宮に立ち寄った、磯部の町にある天照の奥の院ともいうべき伊雑宮《いざわのみや》(9)。そこの神の働きについても伝えよう。

たしかに天照の別院として天照大神が祭祀られているのであるが、なぜ別の院として祀られているのか。ここに一つ秘密がある。

――それは、何でありましょうか。

伊雑宮の神の大本は国常立なり。われなり。地球を守る神なり。やはり日本は神の集う豊かな国としてその最高神である地球神が祀られねばならぬ。国常立大神の魂がこの伊雑宮には祀られているのである。

――豊受大神《とようけのおおかみ》、(10)これは国常立が祀られているということでしょうか。

さようなり。

――食物の神として祀られているように思っておりますが……。

そのような小さな神ではない。本来は地球の運行にかかわる神が祀られておる。伊雑宮は大切な神なり。伊勢に来た者は、ここに必ず立ち寄るべし。また、日本の中心に位置する伊勢の天照も、やはり大切な神なり。ありがたき神なり、清らかな神なり。涼やかな神なり。

この伊勢の神、天照神界として太陽とは密接な関係にある。そなたが伊勢参拝のとき、神々しいまでに太陽が七色に変化し、また生まれて初めて見た七色の虹の輝きがそなたを圧倒させたであろう。

神が見せたのう。素晴らしき光なり。神とはまさに光なり。ありがたきことなり。神を知らせる一つの方法として、太陽に活動してもらうがよし。

日本の国と太陽、切っても切れぬ関係にあり。天照神界は、この太陽の活動を通してまた、働いておられるのである。古今東西、太陽を拝む信仰があるが、日本もまた素晴らしき国の一つなり。

――世界中で太陽信仰の国々があると思います。それは、人々が太陽は神そのものであるという認識があったからだと思います。

さよう、地球に住む者はまずこの太陽のありがたさを知らねばならぬ。太陽がなければこの世は闇なり。すべての生物はそうそう発展することはできぬ。

しかし近年、この太陽はさらなる力を発揮しており、それがさまざまな気象にも影響を与えているのである。この太陽も拡大期と収縮期があり、非常に活発に働くときとそのなりを潜め、穏やかに活動を収縮するときとがある。

今のこの時期、非常に活発になっておる。銀河の光を受けて、さらに変貌を遂げておる。

――私が思いますに、2010年11月のとある夕方、太陽が私に向かって夕日が朝日のように光り輝くことを知り、改めて太陽の生命意識を知りました。それ以来、太陽に意識を向ければ、太陽がそれに応えるかのように光を放射してくれるのですが……。あれが一つの節目であったのでしょうか。

さようなり。2010年の暮れより太陽はさらに、人々の意識に感応するようになっておる。

――それは銀河のエネルギーを受けたことが関係しているのでしょうか。

さようなり。銀河の光はあらゆる惑星の意識を活性化しておられる。地球意識、月の意識もまた然り。銀河の絶大なるエネルギーをいただいて、その星のもつ固有の働きが活性化しておる。地球もまた、自浄作用としての活動も活発になってきた。

これからの二十年間、地球における神の働き、しっかりと守ってもらわねば、地球は天変地異などの被害によりて甚大な被害を受けることになる。そうした大きな周期に来たことなれど、人民の苦しむ姿を見ることは、神はつらきことなり。

どうか最低限の被害ですむようにと神に祈らなければならぬぞ。神の御心に祈らなければならぬ。祈ることはとても大切なことである。祈り祈り、奉り奉って、神の御心に強く訴えなければならぬぞ。

大難が小難に。小難が無難に――。よく言われていることであるが、神にはそのような働きがあることを知らねばならぬ。

子が親に物を頼むように、甘えてよいのぞ。神に甘えてよいのじゃ。甘えられると、また神は嬉しいのじゃ。それが親というものなり。神を呼びて親の懐に飛び込むように、もう少し神に近寄らねばならぬ。

現代人は物質文化に毒され、神のありがたさ、神の働きを知らぬ。親のように慕い、子のようにダダをこねて良いのぞ。神に祈ることがよし。

また、人間は月の働きをもう少し分からねばならぬ。地球は不思議な惑星なのである。

太陽と月と地球、この三つの絶妙なバランスが今の地球を支えておる。月の働きは、人の出生にも、人の死にも関係があると言われておるが、月の引力によりて人民は無意識に影響されておる。不思議な働きをする衛星である。これもやはり神の創ったものなり。神の意識の反影なり。

太陽が陽であるとすれば、月は陰。絶妙なバランスを必要とする地球に、神は月を与えられた。昼は太陽で熱せられた地球を鎮め、そういうバランスをとっておられるのが月である。近年、月と地球のバランスが崩れつつある。地球が乱れてきたために、地球の磁力というものが変化をきたしておる。大昔の地球の磁力と今のそれとでは変化しておるゆえに、それが月にも影響を与えておる。

――磁力がどのように変化したのですか。

磁力が弱まっておる。本来のあるべき地球の磁力でなくなっておる。本来の地球に取り戻すことが、天地運行のバランス・調和を図ることとなる。地球大浄化とそれは関係しておる。

どちらにしても人間は、ありがたき地球の上に住まわせていただくことに尊敬の念と感謝の念をもつ必要がある。当たり前のように住んでおるが、この地球に住まわせていただく感謝が足りぬ。大地に感謝せよ。大地からすべての食物も生まれる。ありがたきことなり。

（２０１１年10月13日～11月11日）

〔注釈〕

（1）**出口王仁三郎**《でぐちおにさぶろう》　1871～1948年、京都府亀岡市穴太生まれ。新宗教・大本の教祖。全83巻ある『霊界物語』をわずか13カ月で口述筆記したり、「耀わん」と呼ばれる陶芸に勤しんだり、その桁外れの言動は逸話に富み、多くの芸術作品を残した。日本の精神世界を語るうえで、欠かせない人物。

（2）**岡本天明**《おかもとてんめい》　1897～1963年、岡山県倉敷市生まれ。画家、神道家。千葉の麻賀多神社において自動書記をした『日月神示』は国常立大神の系統と言われている。

（3）**出口なお**　1837～1918年、京都府福知山市生まれ。新宗教・大本の開祖。艮の金神である国常立大神の帰神により、『大本神諭』を27年間書き綴った。

（4）**体主霊従**《たいしゅれいじゅう》　人間の構成要素を霊（魂）と肉体に分けたとき、主体となるのは肉体であり、霊（魂）は肉体に従うという考え方。

（5）**真我**《しんが》　自我以前の自分、形を成す前の自分自身のこと。心の奥底にあるほんとうの自分。

（6）**魄**《はく》　たましい。精神を司る陽気の魂《こん》に対し、肉体を司るという陰の霊気。

（7）**直霊**《なおひ》　人間の心は四つの魂（荒魂・和魂・幸魂・奇魂）から成り立っており、それをコントロールする一霊のこと。一霊四魂の一霊。

（8）**玄気**《げんき》　「気」をなす根源。

（9）**伊雑宮**《いざわのみや》　三重県志摩市にある神社。志摩国一宮。皇大神宮（伊勢神宮内宮）の別宮の一社。

（10）**豊受大神**《とようけのおおかみ》　伊邪那岐命《いざなぎのみこと》の孫、和久産巣日神《わくむすびのかみ》の子。五穀を司る女神で、伊勢神宮の外宮に祀られている。

第2章

天照大神からのメッセージ

天照大神《あまてらすおおみかみ》

太陽を神格化した神で、皇室の祖神とされる女神。『古事記』において、黄泉の国から戻った伊邪那岐命《いざなぎのみこと》が禊《みそぎ》をした際に、右目から生まれたとされ、左目から生まれた「月読命《つくよみのみこと》」、鼻から生まれた「素戔嗚尊《すさのおのみこと》」とともに、三貴神と呼ばれている。

またこのときに、伊邪那岐命から神々の住む高天原を治めるように指示され、八百万《やおよろず》の神々のトップに君臨する。

天照大神《あまてらすおおみかみ》のメッセージ

∞　∞　∞

神を基準とした国につくり変える

天照大神でございます。

このたび、国常立大神《くにとこたちのおおかみ》の計らいによりて私もまた、あなたとはよくお会いしておりますが、しばしお時間をとっていただくことを嬉しく思っております。

私もあなたを介して伝えたいことがあります。

まずは、将来の日本の国づくりということです。

このたび、日本は神の国日本としての本来に立ち返り、新生日本として神を基準とした国につくり変えるという大計画が神界において決定されました。

世の立直し、ということです。今から二十年ほど前から、少しずつ話し合われてきたのですが、いよいよ大峠が来たということです。

――この世の大峠というのは、天変地異などの災害を乗り越えなければ、世の立直しとはならないのでしょうか。

本来はスムーズに、世の転換を行うべきでありましたが、ちょうど地球自身が大きな大浄化の周期にあたり、地球自身も生まれ変わるという時期に来ております。

したがって、人も地球も、人間にとっては危機と言われるような状況を通じて、新しく生まれ変わる時期が来ております。

――やはり、天変地異は避けられないということですね。

仕方ありません。そうした災害が起こる前に神々は信仰を基本とした、日本人社会の形成を早く創らなければと考えております。今の日本人よ、早く目覚めなさい。

この国は非常に特殊な国です。日本の神々、八百万《やおよろず》の神々がしっかりと息づき、人々の生活を支え、目に見えぬところで国を人民を支えております。

――2011年3月からでしょうか。あなたさまより、天照大神さまの光を毎日午前11時40分から正午

まで降ろさせていただくということになりました。毎日ありがたく、導管としての役割をさせていただいております。

毎日ご苦労様です。そのことが伝えられた折には、たくさんの人々が天照の光を受けとめてくれるでしょう。楽しみなことです。

さて、本題に戻りましょう。

もう時間がありません。今までにも、霊能者と言われる人が神を説き、人々を信仰の道にと努力を続けてきたわけですが、物質文明の力が強く、なかなかに神の存在を信じる体制ができあがっておりません。

大半の人間が迷信のように考えております。ましてやあなたがこのように私と話をして、メッセージをかたちにするなどということは、どれだけの人が信じてくれるでありましょう。心もとないと思うわけですが、しかし手をこまねいて考えていても、時間が過ぎるばかりゆえ、神々との協議の中でこうしたことが決定したわけです。

まず神を信じる人間をつくるために、神の存在を見せる、知らせるということが必要なわけですが、昼時の天照の光の波動を感じる人間が多ければ、ある程度、信じてもらえるのではないかと思っております。

人間は目に見せて表わさなければ、なかなか信じないというところがありますが、もしそのことを通して、神々の存在を信じる人間が増えればありがたいことです。

――昔から、病気治しということがあります。神の存在を認知させるために、瞬時に病気が治る、奇跡が起きる。人前で、そういう現象を見せなければならないのでしょうか。

神の実在を知らせること、数々の霊能者あれど、そなたの個性とは神の実在を見せるという非常に難しい、しかしやりがいのある仕事になるでしょう。

あなたはそれができるわけですから、神の光を降ろし、その実在を知らせるということで、信仰者を増やすということよりありますまい。神を信じぬ者から神を信じる者の分岐点、一歩といえば一歩ですが、何十年、何百年の一歩でもありましょう。

今の時期、人々が潜在的に神を求める時代でありますから、後押しをしてください。いま一歩の後押しをしてください。そこで神あることを知らせて、一日も早く人々に神の存在を知らせることです。まずは一言でいえば、神を見せることです。

そういうやり方は、私は本来好きではないのですが、仕方がないところまで来ております。

そして次に、神棚を作ってほしいと思います。私が見るところ、全国で半数の者の家には、神棚がないように思えます。先祖からの風習により神棚があり、なんとなくお祭祀《まつり》しているという、そんな感じも見受けられます。

今日は画期的なことを申し上げます。

皆さん、各家に神棚がない人はぜひ祭祀《まつ》ってください。そして私が光を降ろしている午前11時40分から正午までの間に神棚の前に座り、わが名を十回呼び続けてください。

そうすれば必ずあなたの神棚に、天照の霊線を授けましょう。お約束します。画期的なことです。歴史上、今までにないことを我々は計画しております。できるだけのことをしたいというのが神々の考えです。過去に例を見ない試みが、いま行われようとしています。ですから、このメッセージをたくさんの人々に知ってほしいのです。お約束します。神の光が降りてくることの分かる者、分からぬ者あるかも知れませんが、その者の先祖、守護神殿は歓喜の涙に震えるほど喜ばれることでしょう。一応これは信じてくださいと伝えておきます。

次に私、天照の特色です。改めて言うまでもなく、漠然とした知識をもっておられるでしょうが、わが自身よりわが神の特色を伝えておきます。

私のインスピレーションを受けて、条文に謳《うた》ったのが、聖徳太子です。

「和の心をもって貴しとなす」という文――やはり、私が指導しておりました。

世界各地で争いが起こり、人々が殺し合い、この物騒な世の中で日本ほど平和な国もないのではないでしょうか。日本民族は、わが神の本質が脈々と心の中に受け継がれ、人と争うよりも協調するという本質的な傾向があります。しかし近年、西洋文化の導入によって良くも悪くも、日本らしさが失われつつあることも現実です。

「和」の心をもった日本人は、やはり世界を先導できるだけの素質があるのです。これから世の中、日本が牽引《けんいん》していかなければなりません。

――日本人が各分野で「和」の心で世界をまとめていく。一言でいえば、精神文明を世に出すということになるのでしょうか。

ざっぱくに言えば、そういうことになります。神の実在を知らせる。日本だけでなく、世界に知らせる。そうでなければなりません。大昔の大昔、日本は世界の中心でありました。雛型でありました。ゆえに、今を生きる人間には責任があります。世界を導き、「和」の心を広めるという責任があるのです。

日本人たることの誇りをもって、外国に進出し、日本の心を世界に訴えてほしいのです。

――はからずも、先の東日本大震災において、日本人の心の穏やかさ、協調性、支え合う心など、その優秀性が世界に発信されました。

皮肉なことです。未曾有の危機をもって、日本人の心が証明されたということです。一言でいえば日本人の役割とは、世界に「助け合う心」「優しさ」、それらの「和の心」を伝える宿命があります。それに伴うかたちで、日本の神々もまた表に出ようとしております。活性化しようとしております。

――私が数年前、背後霊よりの霊信において、「古神道のネットワークづくり」というようなことを見せられたように思います。

そのとおりです。日本の神々が表に出て活躍したがっております。もうこのままではどうにもならぬ、手遅れになるという焦りにも似た気持ちでおります。日本にはいろんな個性の神々あれど、やはりそれを一つにまとめて言えば、「和を貴し」とする神の心でありましょうか。「大和心」であります。

神あることを人々に現実的に見せて、知らせて、一日も早くそうした神を慕う人、神を信じる人々をつくってほしいのです。
こういう言い方はあまり好きではありませんが、時間がありません。目の前にたいへんな危機が来ております。

――天変地異、大地震のことですね。

さようです。さようです。

――やはりここ数年以内に、関東・伊豆の方面において東海地震ということが発生するのでしょうか。

さよう、日本の危機でもあります。来てからでは遅いのです。生きている間に、どうぞ神の存在を信じてください。これからも協力します。太陽も協力して光ってくれるでしょう。

――語りかければ、赤紫、緑、青と光っていただけるようなので、ありがたく感動しております。

それもまた、神が実在することを人々に伝える一助となることでしょう。どうぞ太陽と協力して、人々にそのことを伝えていきなさい。

男性性と女性性について

次に男性性、女性性についてお伝えしたいと思います。

人間は男性か女性のいずれかに生まれ、人生を通してその性を生きていきます。しかし、かつては男性が女性であり、女性が男性であるという輪廻転生をくり返しているわけです。なぜ神はそのような性を選択させるのか、これは誰しもが考えていることでありましょう。

一言でいえば、やはり両極を生きるということであります。片手落ちという言葉がありますが、片方の性だけでは片方の性が分かりません。両方の性を経験することで、初めて完全なものとなります。ですから男性の中に女性があり、一方、女性の中に男性があるわけです。

いくら男性といっても、母性的なものがなくてはなりません。優しさというものです。一方、女性も男性的な強さがなければ、なよなよとした女性ではこの世を生きていくことができません。

自立するといいますか、芯のある強さ、それは一つの男性的なエネルギーであります。神はそのようにして人間というものを、長い長い魂の輪廻の中で両性を生きて、経験という旅をさせます。そこで大切なことは、経験として貯えたそのエネルギーをどのように上手く使いわけて生きるかということです。

人間というものは、感情を選択することができます。その場、その場で人生は苦労と涙と哀しみを、そういう修羅場の中で魂がより大いなる魂となるために、苦労をします。経験を積みます。その場、その場において、一言でいえば感情の選択をしながら生きているということです。ともすれば男性は、その選択の際に横暴となり父権的となり、どうしても自分の意見を無理矢理通そうとする、強権的な感情の発動になりやすい傾向があります。

一方女性は従属的となり、自分の意見を言わず流されるままに、ここは黙っておけばいいという受容性の中で、ともすれば主体性のない人生を送りがちになります。

さてそこで大切なことは、お釈迦さまが「中庸」ということを言われましたが、あなた方の言葉で言えばニュートラルという言葉になるでしょうか。感情における中庸、また別の言葉で言えばとらわれがないとか。

――ある人は「葛藤を手放す」とか……。

そうです。そういった言い方もよろしいかと思います。

物を中立的に見るといいますか、やはり感情的にならずに理性的な心で判断し、感情の選択をすることが大切です。

必要とあらば、その男性的なエネルギーで決断・決定し、必要とあらば母性的、女性的な波動で人を包む、こういう自由自在な人間の心、そうかと言って一時的な感情に流されない、冷静な目で現実を見ておく必要もあります。

――人間には魂の働きと魄《はく》があり、その魄にさえぎられて、魂の波動が押さえられている。「分かっちゃいるけど、やめられない」という言葉がありますが、そういうことになるではないかと思います。

そこがまた、人間の人間たるゆえんでしょう。

そう言えば、あなたは歌を歌っていますね。歌の中にはいろんな要素があり、リズムが強調されたもの、男性的なものと、ゆったりとしたリズムの中に優しさ、女性的なエネルギーがあると思います。

そのときあなたは、感情を選択しているわけです。この歌にはこういう歌い方がふさわしいとか、無意識のうちに感情の選択をしているわけです。

その色合いといいますか、バリエーションは計りしれないほどの感情の選択があります。

現実の人生も同じです。そのように感情の選択をし、日常を意識的であれ、無意識であれ生きております。

しかし原理は男性性、女性性の二極の感情の配合であります。男性性の中に優しさがなければなりません。一方、女性性の中には強さがなければなりません。

いま一度、現代人はこのことを理解してください。ともすれば、片方のエネルギーだけで突っ走ってしまうということが往々にしてあります。男性的なエネルギーを行使するときは、優しさが含まれているかどうか、女性的なエネルギーを行使するときには、そこに芯の強さがあるか、優しさと強さ、この両極の絶妙なバランスが大切です。それができるようになるために、神は輪廻転生の中で両極を生きさせるのです。経験させるのです。

続いて文化についてお伝えしましょう。

文化とはそのエネルギーが色濃く現われた時代のことです。


――ということは平安時代とは、紫式部や清少納言などの女性作家が活躍をしましたが、女性性エネルギーに支えられた時代だということですね。

そのとおりです。平安時代はゆったりと美しく雅びなものが求められました。そういう一つの方向性があったように思います。また一方で、武士の時代と言われる時代、日本は何世紀にもわたりそういう時代がありましたが、これは男性的な文化の色合いをもっているように思います。

――たしかに、戦国時代などは人を殺し合うということが日常的に行われていましたね。

まさに戦争があり、野蛮で男性的なエネルギーの極みです。エネルギーが極端になると殺し合いが行われます。

先ほど言ったように、男性性エネルギーの中に優しさがあるのかどうか、ということを点検しなければならないと申したのは、そういうゆえんです。

男性エネルギーが勝ち急ぎますと、他人のことを省みず、我さえよければという文明、文化となります。嘆かわしいことです。

しかしこれからの時代、そうした男性的エネルギーが終焉を告げ、母性的な女性性エネルギーに満ちた時代に変わろうとしております。これからの時代は文化の中に女性的なもの、優しさ、抱擁力、癒し、そうしたものが求められる時代が来ております。

反動というのでしょうか。日本もついこの間まで戦争に突入しておりました。やはり神々にも男性的な神、女性的な神があり、人間もまたその影響を受けるわけです。

これからの時代、宇宙の中心より銀河のエネルギーの流入があり、調和されたといいますか、融合された強力なエネルギーを受けることになりました。このエネルギーは両極を融合した強さの中に優しさのある、素晴らしい神のエネルギーです。

何万年に一度という素晴らしい時代を人間はこのエネルギーを経験するために生まれて来ております。それを忘れております。生まれる前に計画をしているのですが、すっかりと忘れています。今は統合の時代です。**男性性と女性性の統合**です。

――ある人は光と闇の統合と言っておりますが。

そうです。両極の統合です。

今まで生きてきた過去の転生の経験を統合して、より中庸的といいますか、男性性の中に優しさをもち、女性性の中に強さをもつという、そういうエネルギーを上手に生きることが大切です。

しかも現代人は、宇宙のエネルギーの応援をいただいております。素晴らしい時代であります。そこに早く気がつかなければ現代に生きている意味がなく、誠にもったいない。どうぞこの時代、自分のためにもまた、人々のためにも神の経綸の御働きをしていただきたいと思います。

宇宙から見える地球

それから、宇宙について。

――それは宇宙人、知的生命体を指しておられますか。

はい、そうです。太陽系に存在する地球は3次元的な山があり、川があり、海があり、たいへん美しい惑星であります。

太陽系の中に地球以外にこのような3次元的なものはなく、地球以外の惑星に対して人間の目から見れば、死に絶えたような、廃墟のような惑星に見えるや知れません。しかし霊的に言えば、星々には宇宙の知的生命体が存在し、生き生きと文明を築いてるわけです。この知的生命体たちは、地球の将来を観察しております。

やはり太陽系の中でも地球が文明的に、とくに精神文明が遅れているように思います。ハラハラしながら見ておるようです。やはり地球人たちも他の惑星との協調を図るためには、いま一つ新しい人種として生まれ変わらなければ遅れをとってしまいます。

ですから、まずは神を信じるというところから始めてください。そうでなければ、精神文明の発達はありません。基本はそこにあります。いくら科学技術が発達しても、根本土台が幻のような文明では必ず破滅を招きます。

正しく神に向かう心がなければ、人間は破滅するようにできているのです。もう限度まできています。この地球を破滅の方向に向かわせてはなりません。人と人が助け合い、奉仕の心で支えるという基本的な人間の心、これが失われています。

やはり、お金という文化が発達しすぎたのでしょう。何でもそうでありますが、文明の極みには崩壊するという方程式があるように思えてなりません。今その時期がきております。もう一度、崩壊して文明文化をつくり直さなければなりません。行きつくところまで、行きついてしまったという感じです。

その荒治療の中には相当の犠牲と覚悟がいります。人間にとっては厳しい現実になるとは思いますが、これも神が与えた試練として覚悟をもって乗り越えていただきたいと思います。どうぞ神に祈ってください。穏やかに穏便にこの移行ができますようにと――。

神は祈られることで、やはり人間のためにできるだけ働こうとされる御心があります。祈ることはとても大切です。祈りの大切さをいま一度、思い起こしていただきたい。祈ることは馬鹿げたこと、迷信的なことと現代人は考えている人がとても多いのですが、何という愚かなことでしょう。祈るという行為は人間の本質的な行為なのです。

祈らざるを得ないというのが事実です。人間が逆境、苦難に陥ったとき、思わず神に手を合わせるでしょう。それは人間の本質だからです。そういう自然の感情に対して、人間は素直にならなければなりません。あとで理屈をこねて神などに頼ってしまったと嘆いておる人間がおりますが、笑止千万です。

神に祈る心、これは人間が持っている心の本質であります。神もまた、それを願っておられます。祈り祈りて神を祭祀らい知恵を出して、この世を幸せに豊かなものとなるように、お互いが協力し、調和して生きていくことを神は求めておられます。どうぞいま一度、神とともに生きるという観点に立ち、今の文明の再構築をお願いしたいと思います。

次に、来たるべき新しい時代の理想の人間像についてお伝えします。

――一言でいえば、大変動の後の文明文化ということですか。

はい、ほんとうに新しい芽が出てくるのは三十年後、文明文化の萌芽が生まれてくるように思います。

――天変地異、大災害の生みの苦しみ、過激な経験を経て初めてたどり着くことができる社会ということでしょうか。

そのように思います。

――そのことによって、世界の人口が激変するということがあるのでしょうか。人によっては、2分の1とか3分の1とか言っている人もおりますが。

そのことについては言うことが良いのか、言わぬが良いのか、判断の難しいところがあります。しかし今の時代、たくさんの人たちがそのことに言及しているように、やはり事実は事実として伝えていかなければならないと思います。相当な人間の削減といいますか、極端な数の人間がこの世を去るでしょう。それ以上のことは想像してください。とてもつらいことです。

さて私は新しい文明、文化についてお伝えすると申しました。

――三十年後に芽生える文明、新しい文化とはどういうものでありましょう。

あなたは何だと思いますか。

――はい、今までの流れから言いますと、小都市を単位とした農耕文化、自給自足できるような農業のシステム建設、科学技術の神的統合、神の存在を信じ調和・和合して人々が支え合う、ボランティア的な生活基盤、ざっぱくなところですがそのようなことでしょうか。

たしかにあなたの言う面は一理あると思いますが、農業の大切さは言うまでもありません。

さらに今回、私はどうしても伝えたいことが一つあります。それは、この時代に自由に霊界を見聞、体験できるような人間が非常に多くなるということです。その行為が当たり前、ゆえに神の存在を信じることも当たり前となるのです。

霊界通信も当たり前、霊界探検も当然のごとく、したがって霊界があるかどうかというような問いはなくなっていくように思います。また精神的な文明文化の開花といいますか、約半数以上の者がそれを当然なこととして受け入れるでしょう。

――半霊半物質、アセンションの時代がくると言われておりますが。

はい、肉体人間でありながら、非常にまぶしく光る人間が増えてくるものと思われます。肉体を持ちながら霊的な存在としての光を放つ、そういう人間が半分くらいにはなるでしょうか。どちらにしても一つの節目として三十年後、新しい文明の勃興期というふうに私は感じております。

――三十年後は、ちょうど私が亡くなっていると思いますが、やはりできるだけ生きている間にその橋渡しの仕事をするということでしょうか。

そのとおりです。これからはなお一層、この地球を大切にしてゆかなければなりません。あまりにも破壊、汚染が進み地球は悲鳴を上げています。地球は生命体です。実際に悲鳴を上げているのです。

地下での核実験に始まり、人間の生活より生み出された環境汚染、そして酷い戦争、あらゆることがこの地球上で行われております。人間の身体上で戦争を起こしてごらんなさい。想像するまでもなく、たまったもんじゃないでしょう。

それと同じ理屈。この地球上では、たくさんの汚水や泥水が溜まり、核の汚染があり、挙げ句の果てには、この地球に戦争によって穴をあけております。何と身勝手で愚かで、人間中心主義でありましょう。

人間中心主義も結構ですが、我々はまた創造主がつくり給うた被創造物でもあります。そのことを忘れてはいけません。決して思いあがってはいけません。

人間は神によって創られたもの。宇宙万物は大いなる神によって創られたもの。そこに住まわせていただくという謙虚さがなければなりません。思いあがりは許されません。

新しい文明文化に移行するためにも、やはり人間は正しく生長し、発展をしていかなければ、それに乗り遅れることとなります。その文明に乗り遅れることのないよう、現代人はしっかりと目を見開いて、神の存在を知り、背後霊、守護霊、先祖霊の働きに感謝し、この大切な時期をしっかりと、生き抜いてほしいと思います。

とにかく今の文明が大きく様変わりをします。新しい時代の幕開けです。

日本の使命

次にこの国の使命について。さて、この国の使命とは何でありましょう。それは過去に霊能者が言っているように、また王仁三郎聖師も書かれているように、日本は型示しの国である、ということです。

２０１１年、日本は3月11日に東日本大震災という未曾有の大災害を経験することとなりました。その大災害の中から人々は改めて人間のもつ勇気、助け合いの精神、協調性、復興の精神、どんなことにも負けない不屈の心、誠の心、こういったものを世界に示せたと思っております。日本人の精神の非常に優れたところが、こうした逆境を通して表に浮かび上がってきたように思います。本来、日本人のＤＮＡにはこうした神の本質というべき性質が備わっており、いざというときにその本領が発揮されるものと信じております。

とくに東北は昔から神々の住まう土地でありました。そういった意味から言っても東北の人々は、日本の神々の性質を色濃くもった方々が多く住まわれております。素晴らしい県民性があります。いま一度、被災された人々は優れたＤＮＡをもっている日本人として、誇りをもってこれからも生き抜いてほしいと思います。そして神々も決して見捨てはしない、応援していることをこの機会に伝えておきたいと思います。

あなたは銀河の光をはじめ、日に二度天照の光を降ろして、この地球、日本を浄めておりますが、これは大きな大きな神の御業《みわざ》であります。どうぞそのことを自信をもってやり遂げてほしいと思います。

この光を降ろすことで、東北の人たちは無意識的に生きる力を与えられております。神というものは、人間との共同作業においてその力が及ぶものでありまして、神と人間の共同作業において初めて、神力が発揮されるものなのです。人間を通して神が働くというようにできております。ゆえに、どうぞこれからも神の媒体となりて、日本の復興に力を貸していただきたいと思うのです。

したがいまして、日本の国民性とは、はからずもこの被災した人たちが見せている精神性、これがまさしく日本人の特色であります。いろんな逆境にあっても、慌てず、ゆとりをもってそれに対応してゆく、泰然自若としたその心。人々が助け合う互助精神。日本人の神性たるゆえんです。

先ほど日本の国民性は「和をもって貴しとなす」と言ったように、日本人は和の心をもった民族、和の精神をもった民族であります。

いま世界中で戦争が起きておりますが、その根本原因は、「自分が一番でなければならない」

「私が勝利者でなければならない」といった相手を押しのけてでも自分を有利な立場にしようとする、そういう心が根本にあります。譲り合う心とか、相手の立場を尊重するというよりはまず自分の立場を優先する、こうした土壌がいがみ合って対立し、戦争へと発展してゆきます。

どうして相手の立場を考えるという神の心の性質、豊かな心がもてないのでありましょう。国民性と言ってしまえばそれまでですが、どの国の人間にもやはり国常立大神のDNAが本来、刻まれております。

国常立大神の神性とは、それはやはり「和」であります。和の心であります。強き神ではありますが、そこに優しさがあります。人を押しのけて自分が出るという精神ではありません。それぞれの民族国家には特有の良さがあるとは思いますが、いま一度この時期に来て世界の人々は、とくに戦争が起きている地域の人たち、首脳陣と言われる人たちは古来の精神に立ち返り、今の心の在り方でよいのか、自らの国の宗教性でよいのか、大きな鏡に照らして反省をしていただきたいと思います。

日本人の使命とは、一言でいえばそういう「和」の精神を世界に伝えることです。

もちろん、あらゆる分野で日本の伝統文化であったり、音楽やその他の芸術的な分野を通して、それを伝えることができるはずです。宗教だけではありません。日本のあらゆる文化の中に「和」の精神が溶けこんでおります。

――それは武道であったり、茶道であったり、書であったり、日本の伝統文化そのものの中に……。

さようでございます。日本人はこうした伝統文化に対して、誇りをもって世界に伝えていかなければなりません。自信をもっていただきたいのです。

あらゆる伝統文化の中に雅びな心、和の心というものがあります。他の国にない独特の文化であります。

日本人は謙遜する国民性でありますが、今その心を解き放ち、自信をもって世界にアピールしていただきたいと思うのです。

日本独特のその美は、必ず今の時代に必要とされるはずです。機が熟しております。

海外で活躍しておられる日本人の方よ、そのことをよく考えられて、堂々と日本の大和心を発揮していただきたいと思っております。

今こそ日本人の真価が問われているのです。自信をもってやり遂げてください。

そしてもう一つ伝えたいこと。それは、日本に起きることは世界に起きるということです。

――雛型理論ですね。

さようです。今日不幸なことに、東日本大震災のような大きな災害が起こりましたが、これは世界に先がけて起こったことであります。

これからあらゆる場所において、大きな地震、洪水などの天変地異、火山の噴火、気候の異常、まさに天地ひっくり返るような未曾有の出来事が、ここ二十年の間に発生してまいります。なぜそのような惨《むご》いことを神はなさるのかと人間は考えているようですが、一言でいえば壊して立直すためです。この地球は、とうとう瀬戸際まで来てしまいました。このままでは地球が成り立っていかないので、地球の大浄化が始まったわけです。その災害に際して神は心を痛めているわけですが、最少の被害で人々が生き残れるよう最大の努力をするつもりではあります。その被害が最少ですむように、日夜、検討を重ねている次第です。

したがって世界の人々は、日本に起きたことは自分たちの国にも起きるのだという覚悟をもって対処し、生きてほしいと思います。マスコミなどで報じてこられたような、惨たらしいまでの映像、津波の惨状、あれは他人事ではありません。また、これから世界各地で起こることです。どうぞ気をつけてください。

いま生きている人間は、やはりそうした天変地異というものを通して、神の御心を知るという運命《さだめ》があるのやら知れません。

逆境の中に神を見る、神を知る。本来、神の存在とは平常時において神の存在を信じ、神に感謝し神を祭祀ろい、生活の心の依りどころとして、人間は神とともに生きてゆくものですが、それができておらぬものは、逆境の中でしか神というものと遭遇できないということもまた、事実でありましょう。

神を信じるという大切なことが、なかなかに現代人にとっては難しいという矛盾があります。どちらにしても、日本に起きたことは世界に起きる。これからの二十年、どうぞ気を引きしめて、私にはその惨状が分かるにつけ、穏やかにしゃべってはおりますが、心が痛む思いでございます。どういう世界が望ましいのか、あるべき未来の社会について参考にしてもらえればと思います。

先ほども伝えましたが、ここ二十年間、未曾有の体験を通して人々は考え、新たなる文明を模索してゆくだろうと思います。新しき文化とは、もちろんそれは神の存在を信じるということが基本ではありますが、人との協調性を基本とした助け合いの社会です。

今まで以上に、人と人との結びつきが強くなり、若き人が老人を支え、老人が若き人に叡智を伝えるというそういう循環の社会、お互いの良さを出し合い、それを支え合うということを基調とした社会です。

基本に、奉仕という概念がなければなりません。奉仕の大切さは分かっていても、今の人々、ごく一部の者において奉仕活動が実践されており、一般の人々にまでなかなか浸透しているようには見えません。

それぞれの人間には特殊な才能、個性がありますから、その個性を通して支え合えばよいのです。奉仕といっても難しく考える必要はありません。人間には多様な神が働いており、多様な技能、精神性、技術をもっているはずです。自分の得意な分野を生かして人々に奉仕すればよいのです。

――そう言われてみますと、東日本大震災の後、散髪技術のある人、整体師の人たち、炊き出しをする人々、医療従事者、音楽家は演奏し歌を歌い、それぞれの得意分野を生かして奉仕する姿を見ました。

そのとおりです。自分のできることを始めてもらえればよいのです。

一日のうちの時間の4分の1は、人々に奉仕するという社会システムづくりを構築していけばいいのです。これこそ、人間の善意の心が生かされるネットワークづくりです。

そして最後に伝えたいこと。それは地域に根ざす氏神の活性化であります。

日本の国土には八百万の神々と言われる目には見えねども、しっかりと根付き活動をしている神々がおられます。国民ができるだけ国難を減らし、人々に役立つよう日夜働いておられるのが氏神です。

その存在のありがたさを知らなければなりません。一年に一度、お賽銭《さいせん》を投げて願望成就のためにお参りする、嘆かわしいことです。神は人間の願望を成就するために働くという一面はありますが、人間の神性を磨いて神と歩調を合わせるという大きな仕事があります。その人間を精神的に支えるということです。

願望成就だけではいけません。人間の心には神性が宿っております。神の心を導き出す、そして神とともに生きるということが必要です。氏神はその人の神性に働き、支えるという仕事がしたいのです。お金が欲しい、立派な家、車、地位――今の人間、願望成就が強すぎます。まず、内側の神聖なる扉を開き、その神性を光り輝かせるという方向性を見出し、それを氏神に祈り、神性開花の手助けをしていただくよう祈りなさい。氏神はまた、そうして頼られることを嬉しく思うものです。我欲ではなく自分の神性を開く祈りをして人々が助け合う、そうした奉仕の社会ができあがることを神は望んでおられます。

あなたのような人が光が途絶えた神社に光を降ろす、これもまた大切なことですので、折あらばそのことをされてくださいい。神の掘り起こしといいますか、神性の活性化です。

あなたは人々によく知られた神さまを含め、大小いくつかの神社にそのように光を降ろしてきましたが、事あるごとにどうぞその土地土地に行かれましたら、光のない神社に神の流入を、天と地のパイプをしっかりと繋げていただきたいと思います。

今お話ししたこれらのこと、何かの参考にしていただければ幸いです。どうもありがとうございました。

∞

国常立大神――拝聴しておった。謙虚な神であるのう、天照というお方は。神にしてこれだけのへり下った心でおられる。素晴らしき一柱の神なり。神は一様に信仰心を育んで欲しいと願っておられる。至極もっともなことである。

そなた、一人でも多く日本人の心を目覚めさせよ。目覚めぬ人間では、これからの日本、成り立ってゆかぬ。

（２０１１年11月６日〜21日）

第3章

宗像三女神からのメッセージ

宗像三女神《むなかたさんじょしん》

宗像三女神は、天照大神《あまてらすおおみかみ》と素戔嗚尊《すさのおのみこと》の誓約《うけひ》により生まれた海を守護する三姉妹の神。

長女はのちに大国主命《おおくにぬしのみこと》と結婚したと言われる田心姫《たごりひめ》、次女は美女として有名な市杵島姫《いちきしまひめ》。湍津姫《たぎつひめ》は三女。宗像大社（福岡）、厳島神社（広島）に祀られている。

田心姫《たごりひめ》のメッセージ

∞　∞　∞

女神が台頭する時代

このたび国常立大神《くにとこたちのおおかみ》の計らいにより、こうしてお話しするのも、お会いするのも初めてですが、よろしくお願いいします。

――福岡にある宗像三女神《むなかたさんじょしん》のお一人ですね。


さようです。九州の地・玄界灘を一望するところに、我々は鎮座しております。

これからの日本における女神の動きについてお伝えしたいと思います。

日本の神で有名な女神と言えば、おなじみの木ノ花咲耶姫《このはなさくやひめ》がおられます。日本一の富士の山に鎮座しておられる素晴らしい心優しき神さまでございます。

私もまた、日本の神の一柱として働いているわけですが、今までの日本文化は男神の方々が表に出られて、この国が発展するように尽力されてまいりましたが、これからの時代は、我々のような女神がバトンタッチというと言い過ぎでございますが、日本の女神がいよいよ、大神さまの「あなた方の出番ですよ」というお声掛けにより、台頭していかなければならない時代となりました。

――女性性のエネルギーを基調とした大和文化の再発見、掘り起こしというふうに考えてよろしいのでしょうか。

はい。だいたいそのように考えていただいて結構です。

――日本の女神はほかにどんな神がいらっしゃいますか。弁天さまがいらっしゃいますね。

さようです。

――龍神ですよね。

さようです。

――芸能の神として知られていますね。あと、玉依姫《たまよりひめ》(11)とか稲田姫《くしなだひめ》(12)とかいらっしゃいますね。

さようです。男神に比べて、我々女性の神はたいへん少のうございます。それだけにやりがいをもってこれからの時代を切り開いていかなければと思っております。

まず、女神の本質ということでありますが、今までは男性社会を陰で支える、そういう役割であったように思います。これからは裏で支えるというよりかは、表に出て中心的な働きをする時代がやってまいりました。

――それは国常立大神をはじめ、神々の提言があったのですか。

はい、さようです。男性中心の社会は、それなりに大切な働きをしてきたのですが、これからは「美」とか「情緒」とか「優しさ」「母性」、こうした女性的な側面が表に現われ、社会を牽引《けんいん》してゆく、そのような時代にせよという神の御心がございます。

そこで我々の出番だということでございます。

――具体的には、どういった面で働かれるのですか。

現在、あなたは午前11時40分から正午の時間帯に、天照の光の導管として働いておられるはずです。

――はい、そのとおりです。

私もそのような時間をとっていただければ、日本全体にわが神の心を、光を降ろそうと考えております。あなたにやってほしいと思っております。

――午前9時30分と午後6時が、銀河の光ですので、午後3時頃はいかがでしょうか。

結構でございます。

――そうすると、「田心姫さま」とお呼びすればよいのですか。

はい、結構です。

――私が思いますに、銀河にしても天照大神《あまてらすおおみかみ》さまにしても、あなたさまにしても、本来人間が身魂磨きをして、神に到達していかなければならないのに、神さまのほうから人間に近寄っていただける、また日本列島全体を女神の光にしていただけるとは、誠にありがたいことです。

大神さまの思し召しにより、我々の出番が来たということです。しかし、私はまたやりがいも感じております。

――導管になる時間は、どのくらいでしょうか。

15分といたしましょう。午後3時から午後3時15分まで。

――分かりました。

先日、天照大神さまから、「私の名を十回唱えれば、神棚に天照の光の霊線を降ろしましょう」という素晴らしい提言をいただきましたが、あなたさまの光は日本列島が中心ですか、それとも世界の一部

にまで波及しますか。

今のところは、日本を中心としてということでございます。

――ゆくゆくは雛型日本として、世界へこの光を拡げたいと計画しておられるのですか。

さようでございます。とくに戦争の国、民族間紛争中の国や地域、こうしたところに我々の柔らかな女神の光を降ろしたいと考えております。

この光を人間が受け取ると無意識に心が優しくなってくると思います。心穏やかに、心豊かに、本質は優しさであります。人間の心に優しさを植え付けたいといいますか、人の心に優しさを育んでほしいという大神の御心でありますゆえ、世界中に潤いと優しさを醸し出して、支え合う気持ちになっていただきたいわけです。

包容力、母性、美しさ、優しさ、きめ細かさ、たおやかさ、陰で支える母の心、そういった心を日本人は忘れかけておりますので、その心をどうかいま一度、育てていただきたいと思っております。

――芸術的な作品においても、その女性性は影響を与えていくでしょうね。

そのとおりでございます。私もその面について考えております。世のすぐれた感受性豊かな芸術家たちは女神の波動を受け、女性性を母体とした作品を創っていただきたいと思っております。あなたにおいては歌を歌っていらっしゃるようですから、私を呼んでいただければ、私のエネルギーを介して人々に我々の波動が行きわたるのではないかと思っております。

――あなたの姉妹である、市杵島姫《いちきしまひめ》、湍津姫《たぎつひめ》も同じような波動なのでしょうか。

はい、さようです。

次に、あなたの部屋に手書きで結構でございますから、わが名を書いてお札を置いてくださ い。あなたの部屋に私の霊流を送りましょう。また一色、潤いのあるものになると思います。

まだ、統一されているのではないですが、我々女神の一つの共同体といいますか……女神同士の話し合いを……。

――それは弁天さまを含めてということでしょうか。

さようでございます。日本の女神たちが一同に集まり、これから日本をどのようにしていくかという会議も、将来考えておりますので、その中でおそらく話題の中心にのぼるものが、人々の心にどうすれば**優しさという**女神の**本質的な心**を育てることができるか、ということになるかと思います。

――情緒教育、音楽、ダンス、絵画など、こうしたものを介して伝えていく計画でしょうか。

たしかにそれも一つでございますが、私が考えている**秘策**がございます。何だと思われますか？

――難しいですね……。たとえば、抒情歌、琵琶湖周辺の歌、おぼろ月夜、赤とんぼ、故郷……こういった歌の再発見。女神の心が浸透しているように思えるのですが……。

それも一つでありますが、私の考えている秘策というのは、母親が十月十日、胎児をお腹の中に宿していますが、この胎児に影響を与えるということを考えております。

――具体的にはどうされるのですか。

先ほど申し上げましたように、午後3時から午後3時15分まで光を降ろしますので、胎児と一緒に母親が穏やかな心でそのエネルギーを受ける、できればベランダなり外出して、もちろん部屋の中でも結構です。私の優しき波動を受けていただきたいのです。女神としてのエネルギーを送ります。

「わが子よ、これより田心姫の優しき光が我々を包みます。一緒にこの波動を感じましょう」、そのようにわが子に語りかけてほしいと思います。

――何という秘策でありましょう。最近、胎児教育といってお腹の子どもに話しかけたり、音楽を聞かせたりとさまざまな教育方法がとられているようですが。

私は人間が成長してからでは遅いと思っております。胎児のうちに、この波動を男性も女性も受け取ることがとても大切ではないか、という結論に達しました。生まれてくる子が男であれ、女であれ、大和心をもった優しき心の波動を帯びた子どもが誕生してくるものと信じております。

私の考えている秘策というのはそういうことです。

――こういうことは、かつて歴史上なかったことではないですか。天照大神も含めて……。

そうです。かつて歴史上ありませんでした。人間にとっては驚かれることと思います。神の愛です。この世界は二極です。男神の後には女性性が内包され、女神の後には男性的なものが、また控えております。

今日最後に伝えたいことは、先ほども申し上げましたように、日本だけでなく、世界にこの女神の光を浸透させたいというのが、我々日本の女神たちの心であります。その時もまた、やはりあなたにお世話になりたいと思っております。

――導管になる、ということですか。

さようです。やはり、世界で紛争が起きているところ、貧しき発展途上国と言われるところ、戦乱に明け暮れているところ、ギスギスした調和のない国が、世界にはまだまだたくさんあります。我々がどれだけできるか分かりませんが、そうしたところにもこうして光を降ろして、苦しい心を少しでもやすらぎの世界へ誘うことができればと考えております。

――それはいつ頃から計画されていますか。

２０１２年3月か5月頃になるのではないかと思っております。まず、この日本から心の立直し、これを計っていきたいと思います。

今までのことを整理しますと、大神さまより我々が表に出てゆくことを約束され、この日本に女神の心を伝えるべく、午後3時~3時15分の間に光を降ろすということが決定されました。そしてそれはまた、妊婦が胎児に光を浴びるよう語りかけ、ともに波動を受けるということ。さらに、２０１２年の3月ないし5月からは世界に向けて、ということになります。

あなたは神の代理として大切な仕事をされる方です。大きな大きな神の経綸をあなたが代行されるわけです。どうぞ自信をもって、この経綸を続行してください。我々も心より応援しております。

　また歌を歌われるときには、私と波長の合う曲調の場合にはどうぞ遠慮なくお呼びください。協力します。


――ありがとうございました。

∞

国常立大神――ご苦労であった。このように素晴らしい神の計画があるのである。女神のエネルギーによる胎教という秘策もまた、神ならではの考えである。素晴らしい智恵である。

　そなたも忙しくなったのう。女神が働く時代なり。私がいちばん中心的な働きをしており、これからの日本をどのように立直してゆくかということを考えたときに、やはり、今までと同じやり方ではダメである。心優しき人が増えなければならぬと考えたときに、女神たちの台頭という結論に達した。

　天照大神といい、田心姫といい、この日本列島に優しき波動が空より舞い降りる素晴らしきことなり。日本は世界の型示しとして、それを行っていかなければならぬ。世界に向けて田心姫も、光を降ろされるようである。そなたも身体には気をつけて、私の代役としての仕事を全うしてほしい。今日は以上とする。

（２０１１年11月25日）

市杵島姫《いちきしまひめ》のメッセージ

∞　∞　∞

音楽は神に近しいもの

市杵島姫でございます。

――あなたは龍神であり、弁天さまという認識でよろしいでしょうか。

さようです。先日から田心姫があなたにお世話になっていると聞いております。今回私がお伝えしたいことを二つ三つ、この場をお借りして申し上げたいと思っております。

まず一つ目に、このたび大神さまの計画によりまして、女神という我々の存在がこの世の立直しに大きく参与するということが決定されまして、心勇んでおります。

さて先日、田心姫は一日に一度（午後3時より15分間）エネルギーを降ろすということでございました。私はというと、芸能の面で活躍したいと考えております。

――竹生島《ちくぶしま》、ならびに厳島神社の弁天さまもあなたの分身と考えてよろしいのでしょうか。

さようです。竹生島、厳島の弁天は、我々の一部でございます。

――日本は龍神の住む国ですね。

さようです。そのことがあまりよく知られておりませんが――。

――龍神の数というのはどのくらい存在するのですか。全国の神社の眷属《けんぞく》さまを含めて。

おそらく五万から八万体、そのくらいになるだろうと思っております。先ほどの話の続きですが、私は芸能一般において活躍したいと考えております。例えば、現代的なダンスなどにおいても和の心を取り入れるために、我々も関与するようにしております。一流のアーティストと言われる人に、時々指導しております。

――そのアーティストはあなたが指導していることをご存じですか。

いいえ、分かっていないと思います。理解していなくとも良いのですが、やはりこちらに顔を向けていただきたいという思いはあります。

――インスピレーションとして与えていらっしゃるわけですね。

さようです。これからはもっと日本のアーティストたちに、積極的に関与していきたいと考えております。あるいは一流のアーティストということに限らず、低学年の生徒の音楽の時間など、至るところに私を出してみたいと考えております。そして影響を与えたいと考えております。

――例えば、ママさんコーラスとか。

そうです。

――このメッセージを読まれた方々、音楽に携わる人たちが市杵島姫さまをお呼びすれば、指導していただけるという画期的なことが起きるわけですね。

はい、そうです。画期的な試みと考えております。全国の芸能を志す人たち、音楽、歌、ダンスを目指す人たちが、私の名を呼んでいただければ、私は出かけていきます。インスピレーションといいますか、波動を送りますので、格段と上達に向かわれるのではないでしょうか。私も楽しみですし、その方々にとってもまたとないチャンスになるだろうと思います。そういう計画がなされました。

――田心姫さまといい、あなたさまといい、非常に神さまを身近に感じる時代が来たということですね。

さようです。ですから人々に伝えたいことは、私の名前をお呼びください。私は出かけて行ってエネルギーを降ろします。それをまずはお約束したいと思います。

また、あなたにも指導させていただきたいと思っています。


――ご指導いただくことは、たいへんありがたく思っております。しかし、たいへん失礼ながら一つの懸念といたしまして、とても麗しい波動でございますので、曲によっては支障をきたすような……（失礼をお許しください）。


おっしゃる意味はたいへんよく分かります。しかし、心配いりません。私もまた、神々のメッセージによって伝えられているように、女性の神の後には男性の神が内包され、男性の神の後には女性の神のエネルギーが内包されております。一面的ではございません。人間以上に複雑でございます。

私の波動を分解すれば、十二色に変化することができます。喜び、悲しみ、苦しみ、そういった諸々を表現するときには、いろいろな感情のバリエーションがございますでしょう。それに合わせて自在に組み替えることができます。

したがって、あなたの歌は他の歌手と比べてどこか違うと言われるようになるはずです。神がかったというか、神秘的といいますか、何か独特のものを人は感じられることでしょう。

日本はもともと大和魂といって、優美なやさしさを強く内包する国民性がありますが、今その本来の雅びな本質から離れてきているように思いますので、我々女神が大神さまの命によりまして表に出てゆくということになっているわけです。
そこで一つ計画していることがあります。

——田心姫さまは秘策として、胎教としてのエネルギーを降ろすということでしたが、あなたさまのそれとは何でありましょう。

それは、幼児期における教育ということであります。学校には合唱部というのがあると思います。合唱の先生が指導されるときに、お約束をしていただきたいのは、生徒の皆さん、先生方、**合唱の前に5分間、私への祈りをしてください。**そのときに私が出かけます。もちろん、成人部の皆さんの合唱時においても然りです。とくに合唱曲において協力したいと考えております。したがってその選曲でありますが、大和心を歌うような、そういう曲の選定をしていただきたいと考えております。そうすることで、大神さまの御心にそえるのではないかと思っております。
日本の美しい情緒的な大和の心、豊かな美しい響き、これを表現したいと思っております。

このメッセージを読まれた有志の方々に期待したいと思います。

次にお話ししたいこと、それは富士の神（木ノ花咲耶姫）とも話し合ったことでありますが、女性の方に伝えたいのですが、これから女性の時代が来るのだということを認識していただきたいということです。今後は我々に心を向けて波動を受け取るという、そういう意識をもってほしいということです。

――その波動を受け取る感受性は千差万別、大きく違うだろうと思うのですが、より効率よく最大に受け取るには、日頃より瞑想の習慣なり、感受性を鋭敏にしておく必要があると思いますが。

そのとおりです。そこは強調しておいてください。感受性の豊かな者とそうではない者とでは、我々のエネルギーが5分の1、10分の1に減じることがございます。減じるというより、その分しか受け取ることができません。どうか感受性を研ぎ澄ますという訓練を女性の方々にはお願いしたいと思っております。我々はとくに女性の方々を応援しているのだということを忘れないでいただきたいと思います。

――男性においてはどういうことが言えますか。

男性において我々が望むことは、我々の心は母性的なものでありますから、支えるという一面がございます。男性も力強く行動していく力も必要ですが、しかし奥における優しさ、支える、サポートするといいますか、控えめでいながらしっかりと、男性的エネルギーに支えられた、そうした心を養っていただきたいと思います。前に出るのが良いだけでなく、やはり後に控えながら調整する、見守る力も男性には必要だろうと思っております。

ですから、我々のエネルギーを受けるという意識を持っていただきたいのです。

そして最後に私が伝えたいことは、音楽の素晴らしさについてであります。一昔前に比べますと、とくに若い人の間では一言でいえば、音楽人間が増えたように思います。世界的な傾向であると思います。これもまた神の計画の一部でありまして、生活の中に音楽を取り入れる、なぜならば音楽は神に近いからです。音楽は神であります。

例えば、昔ピアノを習っていて今は止めているという人、カラオケでよく歌を歌っていたけれど、時間がとれず中断している人、かつて楽器をやっていたが才能がないと諦めている人、もう一度準備を始めてください。つまり、生活の中に音楽を取り入れてください。すべての人がプロになるわけではないのですから、才能がないといって諦めるのではなく、それを楽しんでください。

日本中の人々が何らかのかたちで音楽に関わるのは、素晴らしいことであり、私の夢でありま す。学生の方々、社会人の方、再び音楽と接して、音楽を愛してください。そこに神がいます。そして心に潤いを与えてください。今の人間を見ておりますと、あくせくとして心もカサカサしております。

どちらにしても、これから我々女神が表に大きく出ていく時代です。感受性を豊かにして我々の波動を受け取っていただきたいと思っております。

私が伝えたいことは以上でございます。時間をとっていただき、ありがとうございました。

――こちらこそ、貴重なご意見をありがとうございました。

∞

国常立大神――ご苦労であった。さよう、女神の台頭、わが計画しておるさまざまな分野において個性のある神々たちが、人間により身近に働かれることとなるであろう。

２０１２年から、非常に女神たちの活躍される時代となる。女神元年とでも言っておこうか。そなたも上手にこのエネルギーを取り入れて、歌の中に生かすがよい。

（２０１１年11月11日）

湍津姫《たぎつひめ》のメッセージ

∞　∞　∞

病いに苦しんでいる人にエネルギーを送る

お待たせしました。私は宗像三女神の一柱であります、湍津姫でございます。私の姉妹（田心姫と市杵島姫）はすでにあなたさまにメッセージを降ろしておりますが、私も今日はぜひ私の役割を分かっていただきたく参上したわけでございます。

私の波動は二人の姉と比べていかように感じられましたか。

――たしかにお二人の姉さまの波動と比べて、微妙に差異を感じます。あなたさまは非常に穏やかで羽の生えたうきうきとした喜びを感じる存在、そんな気がします。

おっしゃるとおりです。よくお分かりです。私は音楽的な面においても活動をしておりますが、もう片方の働きとして人に喜びを与えるという面も担っております。どちらかと言えば、私は性格的におせっかいな面もあり、悲しい表情をして神社に来られる方を見ますと、なんとかして助けてあげたい、喜びの顔を見たいという気持ちが強く湧き起こり、一生懸命にその方々に私の波動を送っています。

そういう面で二人の姉たちとは多少働きが違うと言えば違うのかも知れません。

田心姫は、大神さまより大きな責任と任務を賜り、午後の3時からの15分間、日本中に田心姫の波動をあれ以来送り続けていることは、あなたもご存じのとおりです。

――あなたは、お姉さまの代わり得る存在として、何か計画していらっしゃることはありますか。

はい、私もまた私に何ができるのかをずっと考えておりました。

先ほども申し上げましたように、私は人の喜ぶ顔を見ることが私の喜びとするものです。したがって私の行おうとすることは、病院に入院して苦しんでいる人たち、希望を失い、絶望の淵に佇んでいる方々、痛みに心が病んで死んでしまいたいと嘆き哀しんでいる方々に、せめて私の波動で慰めてあげたい、力になってあげたいという、そういう志を立てました。

――そうすると、やはり一日のうちで時間を決められますか。

はい、私が想像しますに午後の一刻、午後2時からの10分間、私の波動、喜びに満ちた心を送り続けます。病院に入院している方、できるだけ窓の近くに寄っていただくか、空を仰ぐことのできる空間に身体を移動して、空を仰いでください。

もちろん、寝たきりの患者さんはそのままで結構です。私の名を呼び、祈り続けてください。必ず、必ずあなたの元へ希望と元気な笑顔になれる私の波動を送ります。個人差があるでしょうから、あまり感得できないとおっしゃる方もあるでしょうが、それでも私は送り続ける強い覚悟でおりますので、諦めず私のほうに顔を向けて祈り続けてください。必ず力になることをお約束します。

このたび大神さまの計画により、私もまた姉たちとともに人々のお役に立てることを嬉しく心勇んでおります。

私を入れてあなたは一日に7、8の導管となるたいへんなお仕事をされるわけですが、大神さまの大計画でございますゆえ、どうぞよろしくご配慮のほどお願いいたします。

それから先の東日本大震災でいまだに復興の真っ只中にあり、心身ともに疲れきっていらっしゃるとくにお年寄りの方々、どうぞ私の名をお呼びください。必ずや、お力になりたいと考えています。これから日本は、未曾有の経験、大試練、大みそぎを通して新生日本として生まれ変わらなければならないという選択を強いられるように思います。

しかしどんなときにも、決して希望を失わないで生きてほしいと願っております。私も将来にわたって力強く、あなた方の側で元気と笑顔と希望の波動を送り続けることをお約束します。

いま日本には、朝から晩まで神々の光が溢れております。このことに一日も早く気がついて神仏の存在あることに目覚めてください。

神仏は架空の観念的な存在ではなく、生き生きと実在し、人間以上に人間らしい心で喜び勇み、大神さまの御心に従って一大躍進を遂げたいと思っていることを知ってください。

かつてなかった神の計画が始まっており、これほど大規模に日本中に光を送る神事を私はかつて経験したことがありません。**神は人間を愛しております。**常に力になりたいと願っているのです。しかし、人間のほうから顔を背け、我々の存在から遠く離れたところにいます。側にいることに気がついてください。

男神たちも我々の活動に心よくご理解をいただき、嬉しく思っております。ひとえに大神さまの計画に対して、改めて感謝申し上げたいと思っております。

長々と申し上げましたが、私もまたこのご神業に加わりたく私の考えている計画を申し上げました。

あなたさまにおかれましては、日本の神々をはじめ、遠くの銀河の神に至るまで期待をかけていらっしゃいますので、どうぞお体に気をつけて、我々と一緒にこの偉大なる21世紀の大神さまの経綸をともに手をたずさえて、人々のためになるようご尽力いただければ嬉しく思います。

今日は時間を取ってくださり、ありがとうございました。

∞

国常立大神――ご苦労であった。この女神は三女神の中でもとくに人々を思う心が強く、人のためになりたいという気持ちが言の端の一つひとつににじみ出ておったのう。

入院している人々に勇気づけたいという奉仕の心、なみなみならぬ意欲と健気《けなげ》さを感じた。素晴らしい女神なり。この女神の粋な心意気にそなたも協力し、ともに人間社会に貢献するがよい。

（2012年2月2日）

〔注釈〕

(11) **玉依姫《たまよりひめ》**　神と人を繋ぐ、初代・神武天皇の母。玉前《たまさき》神社（千葉）、賀茂御祖《かもみおや》神社（京都）、竈門《かまど》神社（福岡）などで祀られている。

(12) **稲田姫《くしなだひめ》**　「ヤマタノオロチ退治」神話のヒロインとなった豊穣と子育てを司る美しい女神。のちに素戔嗚尊《すさのおのみこと》と結婚した。

第4章

富士・竜宮界からのメッセージ

木《こ》ノ《の》花咲《はなさく》耶《や》姫《ひめ》

浅間神社の主祭神。国津神の首長である大山祇大神《おおやまづみのおおかみ》の娘であり、天孫降臨を果たした瓊瓊杵尊《ににぎのみこと》に見初められて神婚し、御子（海幸彦、火須勢理命、山幸彦）を生む。桜のように美しい女神として知られている。富士および竜宮界をまとめる存在。

竜宮乙姫《りゅうぐうおとひめ》（芦ノ湖）

竜宮城に住まうという姫。竜宮の主である龍神の妻、もしくは竜宮の主の娘とされている。

天津《あまつ》羽衣《はごろも》

羽衣伝説（一般的には「天に帰れなくなった天女が男と結婚し、子どもを残す」という話で知られている）に登場する天女。

東京湾の海底に眠る大銀龍神

海底に存在し、龍宮界に属する大銀龍。その大きさは、長さ２キロメートル、直径５メートル。龍神の働きは、地球の浄化と海の底に住む霊的存在たちの看視役。

木《こ》ノ《の》花咲耶姫《はなさくやひめ》のメッセージ

∞　∞　∞

日本にとって重要な瓊瓊杵尊《ににぎのみこと》の力

木ノ花咲耶姫でございます。

今日は私が代わりまして、あなたにお伝えします。

まず、箱根神社についてお話しします。

瓊瓊杵尊は、私自身とも縁の深い神でして、関東の総鎮山・関東を守る一の宮として、箱根の森に鎮座しているわけですが、この神の働きについて、いま一つお伝えしておきましょう。

天孫降臨のとき、猿田彦大神《さるたひこのおおかみ》(13)が先導したことで知られている神でありますが、本来この神が高き所よりこの国に降臨したわけは、我々の神を生むために誕生しました。人間には分からないことでしょうが、神の子どもを生むというのは、ある一つの大きな宇宙のエネルギーが分光する、分散する、そのようなかたちで、生み給うのであります。
それから瓊瓊杵尊の大きな役割は、それぞれの日本の神々の意志をまとめ、その力を一つに収斂《しゅうれん》・調整する働きがあります。

——出雲大社での神無月において、全国の神々が集うということと同じような……。

はい、この方は日本の神々の意見をまとめる、そのような働きをしておられます。

——出雲の会議においても、このお方は力を発揮されるのでしょうか。

さようです。やはり神々にも個性があります。日本の神々の立場、意見の相違があります。それを調整して、一つの方向にまとめる方が必要なのです。日本に降り立った大元の神です。日本人民はもう少し、瓊瓊杵尊さまの存在の重要さに気づき、神に祈らなければなりません。瓊瓊杵尊さまの力は、この日本にとってなくてはならない大事な働きがあります。いま一度、認識を深めていただきたいと思うのです。大切な神さまです。
関東に住まいする者は、一年に一度、この神さまにご挨拶をすることが望ましいと思われます。総鎮社の神さまです。有形無形の恩徳を受けているわけですが、今の現代文明に毒されてしまっている人間は、神の働き、神の存在を無視して、残念なことでございます。

あなたはこのメッセージを通していま一度、瓊瓊杵尊さまのお力の存在を知らせ、それを多くの人に伝えてほしいと思います。

また、日本の海の底には大きな龍が住んでおります。国常立大神《くにとこたちのおおかみ》の一つの変化《へんげ》であります。龍の姿をしたとても巨大なものです。

安定しているときは良いのですが、一度牙を剝きますと、地震・噴火などの天変地異を伴います。国常立の変化としてのこの大龍神が、そろそろ動き出すのではないかと案じております。おそらく数年先から大きく活動をするのではないかと、何か武者ぶるいのようなもの――。

直感的に私が思いますのは、この龍はいま一度、日本の立直しをしなければならないと考えているように思われます。破壊と再生のワンセット。多大な困難と犠牲を伴ったうえでの再生。この国の人間は、破壊の中から再生する型示し、世界に向けて新しい文明を伝える発信者となります。日本という国が世界の中心の国として、神は大きな期待を寄せています。日本は世界に向けて、新しい文明と科学を再興していかなくてはなりません。

そのためにまずは、農業の大切さを改めて知らなければなりません。日本人の食の基本は、

「米」であります。米作りから始めて、土から上がってくるものの大切さ、これを知らなければなりません。農業の大切さ、農業は神の変化したものであります。

「土」、これは国常立の変化したもの。「光」、これも国常立の変化したものです。「水」も然り。農業はそれが集約的に構成されており（土・陽＝光・水）、神の心を具現化できる、いと善き人々によって作られた米は、波動の良いものとなります。

それを食することで、人の細胞は生き生きとして長命になることができます。寿命を延ばすのです。米の大切さを知らなければなりません。日本人は米を食べなければなりません。

米には非常に大きな働きがあり、科学的な成分だけでなく、陽・霊、神の分子、そういった人間の細胞に必要な目に見えぬエネルギーが閉じ込められています。

他の野菜もまた、「土」から上がるものですが、米は特別なものです。主食としての米は神の霊《ひ》がいちばん宿っています。それを日本人は忘れてはなりません。米の大切さをいま一度、説く必要があります。

――玄米正食ということが話題にのぼりますが。

玄米にはその霊《ひ》という成分がたくさん含まれておりますが、胃腸の弱い人も上手に調理して工夫することで、健康体となります。神の身体、光る体をつくるためには、玄米食がいちばんではないかと思います。

あなたはこのような平易な言葉で、本当に神の言葉だろうかと案じているところがありますが、平易な言葉で良いのです。難しい言葉はいりません。信仰とは難しいことではありません。神を敬い、生活を正し、神への感謝と人々への奉仕、和顔愛語、そして調和の中に幸せを見つければよいのです。

これまで必要以上のお金、優劣意識、我《エゴ》を強くすることで、不幸を招いてきました。いちばん大切なことは、言葉にしてしまえば何もないことですが、生きる喜びを見つけて、そこに情熱をかけて己の本分を発揮させて生きること。人間にはそれぞれ多様な個性というものがあります。各自の良さを発揮して、長所を伸ばして、それが寄り集まるとより完成したものとなります。

一人の人間が、すべてのことを成すことはできません。一つないし、二つのことができる人間が集まることで、より完成に近いものができます。多くのことを望まぬことです。それが争いの元となります。当たり前のことができていないのが現状です。もう一度、原点に戻らなければなりません。

我々富士神界と地底の湖、海の龍神界とは非常に深い関係にあり、いつも情報の交換をしております。

芦ノ湖には、竜宮界があります。その世界ともコンタクトをとっております。神の系統から言えば、一つの同じグループのものだと思っています。姉妹のようなものです。我々の話題の中心と言えば、日本の再生をどう実現していくか、ということを話し合っております。そのためにあなたさまのような者を遣って、神の心を知らせる、神は何を考えているかを伝える媒体になる者が必要なのです。

日本には八百万《やおよろず》の神がおり、誠に多才な個性をもった神の国であります。また、そこには眷《けん》属《ぞく》というものもおり、世界に類を見ない豊かな神々の世界であります。まさに八百万の神という形容がピッタリです。これら眷属もまた、神の意向に沿って一丸となって働いております。

そしていちばん大切なことは、神界があり、霊界があり、現界があるということ。現界が主ではないのです。この世は写し世と言われるように、神界の計画、方針が現界に転写され物事が成就してゆくのです。

現界が勝手に創造しているように見えるでしょうが、神界で創造されたもの、計画されたものが、現界に実現してゆくことになるのです。神を信仰している人は、そのことを理解しているでしょうか。一般的にはその単純な事実すら信じていません。

残念なことです。真実を知ることが大切です。神を信仰する人間が増えなければ、この世は幸せとはなりません。

（２０１１年10月14日）

∞　∞　∞

竜宮乙姫《りゅうぐうおとひめ》（芦ノ湖）のメッセージ

日本の光化計画

お久しぶりでございます。あなたさまとは地底人を通して、すでに何度もお会いしておる存在のものです。私は、人間にとって信じられないことと思いますが、箱根神社の近く、芦ノ湖の湖底に存在する竜宮乙姫でございます。

――女性の龍神さまということですね。

はい、結構です。日本の湖の底、海の底には、竜宮界というものが存在し、天と地において双方の御働きがあります。

現在、宗像三女神《むなかたさんじょしん》をはじめ、女神系の龍神の方々がすでにこの地球上にエネルギーを降ろされており、一昔前の波動とは格段に違ってきております。

穏やかで優しく美しい波動は、我々でさえ感動を覚える次第でございます。この事実は、まだ一般の方々には情報として伝わってはおりませんが、敏感な方には私が思いますに、今までの空気感と何か違っているというふうに考えている方が大勢いらっしゃるように思います。

すでに一日に十回近く、銀河のエネルギーも含め、日本の神々の光の流入が起きており、それは感動すべきものがあり、やはり国常立大神が決定的に始動されているのだということを実感しております。

さて、そこで私の考えを述べます。あなたにとっても、たいへん忙しくなることは百も承知なのですが、我々竜宮界もその変化計画に加わりたいと思っております。

日本各地に存在する竜宮界のものたちと今、話をしておったのですが、やはり全国規模でそれぞれが各地において大神の御働きのお手伝いをしたいと考えております。時間でございますが、午後1時半~45分までの15分間、全国規模で光の流入計画、これをやろうと思っております。

――日本には竜宮界と言われるものは何カ所ぐらいあるのですか。

有名なところ、そうでないところ含めて十数カ所ございます。
主だったところは八カ所です。有名な湖、海の近辺、各名所、こういったところに我々の世界が存在します。

この希なる日本光化計画にぜひ参画したいという思いでワクワク勇んでおります。琵琶の音を鳴らしますので、霊聴能力のある方は耳を澄ましてごらんなさい。麗しい響きを感じ取ってもらえれば嬉しい限りです。

かつて過去になかったことが大神さまの計画にあり、日本の神々が一同にして団結した結果、始めることになりました。

あなた方の言われるアセンションという言葉がありますが、これは宇宙的存在による介入というふうに捉えられていると思いますが、宇宙からの光だけでなく、日本の神々の光もこのように重層的かつ、多様な神の光化計画を実行しているのだということを、忘れないでいただきたいと思います。ほとんど宇宙の次元の光ばかり取り上げられているようですが、日本の神々もこのように頑張っているわけですから、決して忘れないでいただきたいと思っております。

天照さまもおっしゃっていたように、この日本の光はやがて世界へと浸透してまいります。日本から世界へ光の同心円が拡がっていきます。なんという素晴らしい大神さまの計画でありましょう。

このことを少しでも多くの日本人が理解をして、日の丸・日本、日本人としての誇りを改めて自覚していただきたいと思います。世界を先導する役目があります。

あなたは光の導管としてそのことをしっかりと把握して、さらに神の経綸を実行すべく、ますます神働きされることを祈っております。

われらもこの計画に乗り遅れまいと考えておりましたが、こうして実行する運びとなったことをたいへん喜んでおります。それでは今日の午後1時半からの15分間、楽しみにお待ちください。琵琶の音を響かせます。

われらも日本中にネットワークがあり、一丸となってこの仕事に取りくんでまいります。日本人民よ、素直な心で日本の神々の光を受けてください。

∞

国常立大神――ご苦労であった。日本の神々と歩調を合わせるべく、この女神たちも腰を上げ、

活躍する時代が来たようである。人間は、これほどまでに神々が生き勇んで活動されている事実をありがたく受け入れ、感謝せねばならぬ。

また一色、空の輝きが加わるのう。ありがたきことなり。

（2012年2月15日）

天津羽衣《あまつはごろも》のメッセージ

∞　∞　∞

神中心社会への転換

私は天津羽衣と言われる存在のものです。竜宮乙姫と同じ存在のものです。

このたび、国常立大神のご指名により、こうしてあなたとお話をすることとなりました。本日はよろしくお願いいたします。

まず、私の波動を強めてみますので、感じてみてください。どのようにお感じになられますか。

――はい、非常に波動が高く柔らかで、まるで羽が生えた穏やかな、舞い上がるような、言ってみるならば如来と弁天さまがミックスされたような美しい波動を感じます。

はい、そのように感じていただければ、たいへん嬉しゅうございます。

あなたはすでにいくつかの竜宮界と言われる存在とお話されているようですが、私は主に気象といいますか、空の天候などの仕事を仰せつかっております。

よく空が高く澄み切ってさわやかな秋空、あなた方の言葉で「天高く馬肥ゆる秋」という言葉があるように、ちょうどああいう美しい空の感覚を感じられるときなど、我々の存在が活躍しているとお考えください。

――たしかに言われてみますと、あの感覚が呼びさまされます。

近年、空がスモッグ化して、化学物質によって汚染され、我々がいくら努力して美しい波動で浄化しようとしても非常に困難な状況です。

汚れ、穢《けが》れが溜まりに溜まっております。非常に嘆かわしいことでございます。我々も神の一柱として大神さまの命に従い、一生懸命努力はしているのですが、昔のような空にすることが難しく、どうしたものかと思案しております。

――現在、私は銀河エネルギーをはじめ、日本の神々のエネルギーの導管として日に約十回ほど、そのお仕事をさせていただいているわけですが、それにはもちろん気がついていらっしゃるとは思います。また、空の浄化に神々の働きが大きく関与されているのではないかと推察いたしますが、いかがでございますか。

おっしゃるとおりでございます。あなたさまの神働きにより、我々もまた援護されているといいますか、むしろ宇宙エネルギーをいただき、心喜び勇む思いでございます。

あなたさまのこうした一連のお仕事は、地球の浄化、人間の心の浄化、神々の勇気づけなど人間には分からない、理解不能なところまで浸透し、新しい神の御代《みよ》の夜明けであるとそう思っております。

私を含め、空からは日本の神々、女神、龍神、そして宇宙からと、あなたの言葉で言えばまさに百花繚乱の美しい波動が、人間社会に神の恩寵として天降《あまくだ》っております。どうぞこの時代、この素晴らしい神の計画に気がついて、光を受け取っていただきたいと思っております。贅沢な限りです。

さて、私も他の神と同じように一日一度、導管となっていただき、ご協力をいただきたいと、かように考えております。

大きな範囲というわけにはいきませんが、あなたが住まわれる地域を中心として東京一帯には及ぶのではないかと思っております。

時間帯でございますが、朝の11時から20分間、この東京の空をキャンバスとして、精一杯の浄めの波動で、大神さまのお力になりたいと考えております。

――あなたは宗像三女神をはじめ、天河の弁財天や女神と言われる存在ともお話をされるのですか。

私が懇意にさせていただく女神さまは、富士の木ノ花咲耶姫さまでございます。日本の将来の方針など話を聞かされております。最近の話題はやはり、将来日本に起きてくるであろう地震や噴火の話でございます。その後の日本の立直し、復旧をどうするれば速やかに改善、回復してゆくのか、いつも富士の神さまは、そのことに心を痛めておられます。

やはり過去二千年の歴史の中でも大きな節目といいますか、現代文明のあり方を根底から揺さぶられる、神中心の世界観に基づいた社会への転換、こうした方向へ向かわざるを得ない、ターニングポイントが遂に来たと思っております。

霊主体従《れいしゅたいじゅう》ということです。この時代、神のほうが人間にすり寄られ、努力しなくとも、神のありがたき波動で引っ張り上げていただくという、何かとでき過ぎた話であります。一言でいえばアセンション、次元上昇というのでしょうか。

日本という国は八百万の神々が存在し、この国の将来を憂ひ、人民の計り知らぬところで日夜働いておられます。そのことに人々があまり関心もなく感謝もなく、見過ごしていることに私は少々あきれております。

あなたはお分かりのように、この日本の国のアセンションのために一日十回以上、神の光の流入化計画があり、外国においては、このような贅沢な神の光の流入はないと思います。早く人々はそのことを知り、この光を魂の浄化に繋げていただければ嬉しい限りです。

いずれにしても、今日から午前11時から20分間ほど、空を眺めてください。穏やかで、歌を歌いたくなるような波動を精一杯お送りします。

あなたは、ますます仕事が増えたとお思いでしょうが、よろしくお願いします。

――ありがとうございました。

∞

国常立大神——ご苦労であった。いと高き美しい、まさに天女の波動である。この神も日本を良くしたいという一心で神働きをされる決心をされた。ありがたきことである。

そなたもますます忙しくなったが、神の経綸の計画を一つひとつやってくだされよ。見違えるほどの、日本の国土の波動になるであろう、期待しておる。

（2012年2月6日）

東京湾の海底に眠る大銀龍神のメッセージ

∞　∞　∞

地球は大いなる生命体

われはこのたび、国常立の呼びかけによりて、そなたに人間として初めてかかりて、われの口より伝えるなり。
われは東京湾の海の底に眠る龍なり。

――あなたの体の大きさはいかほどありますか、長さは？

2キロメートルの長さ、胴まわりは直径5メートルはあろうか。

人間にとって海の底に龍が住むなどと、おとぎの国の話のように思うかも知れぬが紛れもない事実なり。

近年、生活用水の汚染により海が汚れ、悪臭を放ち、我々霊的存在のものは、非常に住みづらく人間に対して怒りにも似た気持ちがある。また地震の数も増え、2011年3月11日の東日本大震災の生々しい記憶は、人間にとって脅威と感じられたであろう。

地球もまた大いなる生命体であり、人間でいうところの新陳代謝をくり返しておるなり。わが龍の働きは地球の浄化と海の底に住む霊的存在たちの見守り役というか、看視の役目なり。

今の人間にとって何といってもいちばんの関心事は、いつこの関東に地震が来るかということであろう。マスコミなどで、毎日のようにそのことが話題にのぼっているようであるが、富士山の噴火も含めて、いよいよこの地球神が動き出す。大立替えをする。過去にしても、地球の大異変は幾度かあれど、今回の天変地異、一連の現象は大規模なものなり。

人間がいちばん欠けている視点とは、この地球が生命体であり、人間以上に心があり、息をしている。新陳代謝をして生長、発展、進化の道を歩もうとする意志の活動体である、という点である。

そなたも分かってのとおり、太陽も月も金星、水星もその他の惑星も、そなたに1時間以上にわたって、心、意志、情感、人間以上に語りかけているではないか。

人間は、こうした人間をとり巻くすべての生命体に育まれ、お互いが共存、共栄のうちに進化の道を歩んでいるということを忘れてはならぬ。

なぜ日本は地震の国であるか、考えたことがあるか。それは、火の神の子どもであるからである。水の神、風の神、雨の神、すべて神の働きなり。

日本の地形の底では四つのプレートがひしめき合っており、この歪みを是正しなければ地球としての存続が難しくなっておる。文明が地球の浄化とともに消え去ることは、過去の地球の歴史を見ても分かるように——くり返しの中で進化を遂げてきた人類の歴史なり。

人間にも寿命があるように、この地球も宇宙の星々もいつかは果てる。そうした永劫の時間の中に人類はつかの間、文明を育み生活を営み、そのくり返しをしてきた。

一つの大きな節目なり。一つの文明の終焉にも似た大転換期なり。致し方なきことなり。新しい文明を興さなければならぬ。神々を中心とした精神文明の追求である。

本来人間は霊的存在であるにもかかわらず、盲目なりてそのことに耳を塞ぎ、目を閉じてやみくもに、わが欲望を満足せんがために、ひたすらに他を省みることなく突っ走ってきた。ここで方向転換をする。破壊と再生はワンセットなりて、生みの苦しみ、逆境を乗り越えて新しい文明を創造していかねばならぬ。

日本の役割とは、光を世界に発信して、浄化の道を切り開くことである。分かってのとおり、すでに日本では神々の光の流入計画が進行しており、一般人民には分からぬであろうが、十年前の波動とはかなりの違いを見せておる。3・5次元～4次元に近くなっておる。これからアンドロメダ、その他の強力な銀河の光の流入ありて、想像できぬほどの神の国に近き、この世の楽園となる。

そこで一つの提案がある。われもまた地球の地下より、この世の楽園に一役買いたい。つまり、エネルギーを送る。


——天のみならず地底より波動を送るということですか。

さようなり。われの力を地上に送る。時間を決めよ。

――午前9時40分というのはいかがでしょう。

それでよし。

――何分くらい続きますか。

15分間の間、地上に向けてわが浄化のためのエネルギーを送る。かつてなかったことなり。われの意志でなそうと思う。

――その及ぶ範囲は、どの広さになりますか。

まずは、東京の全体に及ぶことから始めたいと思う。いずれ我々龍神の結集によりて、その規模は拡大する予定なり。

――この地上には、穢《けが》れた土地というのも多数存在していますが、浄化されることになりますね。とくに東京は空襲で穢れている場所が多く見受けられます。

そのとおり。われもまた、神の一柱として働きをなさんと思う。本日より始める。そなたも導管となれ。

――このことによって地震の誘発が心配ですが、大丈夫でしょうか。

それはない。安心せよ。むしろ安定のほうに導く。われもまた、日本の神ゆえにこの日本から大立替えの運動を進展させ、地球人民を神の民として生まれ変わらせたいと願うのである。

今日、いちばん伝えたかったこと。われもまた他の神々と同じように、心勇んで神の光化計画に参画したいということなり。そなたもますます忙しくなったのう。それではこのことを約束して以上としたい。

∞

国常立大神——ご苦労であった。人間にとって不思議であろう。海の底にも龍神界あり。このもの、本気を出せばかなりの霊力を発揮する存在、頼もしきものなり。やはりこの龍も喜び勇んで神の大計画に参与したいのであろう。

そなたの仕事、一言でいえば、さまざまな神々の導管となることなり。神の代理なり。心してこれからも遂行してゆくがよし。

（2012年2月1日）

〔注釈〕

(13) **猿田彦大神《さるたひこのおおかみ》** 伊勢地方に本拠を置く有力な国津神。天孫降臨の際、地上への道案内を務めたことから、境界の守護神とされている。

第5章

仏教界からのメッセージ

天河弁財天《てんかわべんざいてん》

奈良県にある天河神社で、現在は主祭神を市杵島姫《いちきしまひめ》とするが、神仏分離の前の祭神名は「弁財天（＝サラスヴァティー）」。天部（密教における神々を意味する尊格）の一つ。芸能の神として知られている。

阿弥陀如来《あみだにょらい》

大乗仏教の如来の一つで、サンスクリット語で「アミターバ」という。その意味は、「無限の光をもつもの」「無限の寿命をもつもの」。無明の現世をあまねく照らす光の仏にして、空間と時間の制約を受けない仏であることを示す。

菩薩《ぼさつ》

仏教において、成仏（如来になろうとする）修行者。修行中ではあるが、人々とともに歩み教え導くということから、庶民の信仰対象となった。

天河弁財天《てんかわべんざいてん》のメッセージ

∞ ∞ ∞

女性性エネルギーを表に出す役割

お待たせしました。私は芸能の神として知られ、一般に弁財天と呼ばれているものです。とくに私の得意とする芸能のジャンルは、音楽です。あなたも音楽をやっていらっしゃるということで、私もまた将来、協力したいと考えております。

——先日は琵琶湖、竹生島《ちくぶしま》の弁財天市杵島姫《いちきしまひめ》の素晴らしい波動に感動をしたところです。

我々の仲間の一人です。

先日、宗像三女神《むなかたさんじょしん》のお一方である田心姫《たごりひめ》さまがお出になられましたね。午後3時から15分の間に、全国に霊妙な波動を流されました。

さて今日、私が出てきた理由の一つに、女神時代の到来を伝えるということがあります。

現在までの文化の中心は、男性社会、男性性エネルギーによって支配された社会でありましたが、このたび国常立大神《くにとこたちのおおかみ》の計画により、女性性エネルギーを表に出すという時代がやって来ました。

そこで私の役割でありますが、先ほど申し上げましたとおり、私は音楽を得意分野とするものですので、音楽においてどのように我々の女性性エネルギーを表現していくかということに心を砕いているわけでありますが……。

――楽器の分野ですか、それとも歌の分野ですか。

やはり歌がいちばんダイレクトに、そのエネルギーが伝わってゆくのではないかと思っておりまして、もちろん音楽のジャンルにはこだわらないわけですけれども。

――日本の歌謡界においてということになりますか。それともクラシック、その他のジャンルにおいてですか。

クラシックはごく一部の限られた方においてであり、やはり大衆的な方向性、それのほうがいちばん人々に我々のエネルギーが浸透すると考えております。

――現在、現役の歌手において指導しておられる方はいらっしゃいますか？

残念ながら現在は、私たちの波動を受け取るだけの感受性をもった女性の歌手が見当たりません。私の波動をそのまま受け取れるだけの器のある歌手が、日本にはほとんどと言っていいほど少ないのです。しかし、この女性性を表に出す計画が持ち上がり、龍神をはじめ、女神たちが表に出てゆくときに、その媒体となる者が必要なわけです。

田心姫さまは一日に一度、午後3時～3時15分の15分間、日本に光を降ろされるということでありましたが、私は音楽を通して、女性性エネルギーというもの、人間にとって大切な優しさというものを表現していかなければならないというふうに考えております。

そこで、あなたにお願いがあります。あなたもお分かりのことだと思いますが、私の波動は現代的なリズムのある、ビート感あふれる感性とは違うということ。したがって、私が本領発揮できるジャンルと言えば……。

――恐れ入りますが、今あなたの波動を送っていただけませんか。それを通して、ふさわしい曲を感じとってみたいと思います。

（波動が送られてくる）

分かりました。このバイブレーション、浜辺の歌なんかピッタリきます。抒情歌ですね。

そのとおりです。したがって、私が推奨したいのは昔の歌の掘り起こしということです。

――たとえば、「おぼろ月夜」「荒城の月」「故郷」「赤とんぼ」などの抒情歌の類ですね。

こういったジャンルを現代的なアレンジで歌っていただいても結構ですが、日本の非常に秀でた、情緒的といいますか、豊かな日本人の心が象徴されるような美しい音楽の中で、私は活動したいと考えております。

あなたにもぜひそういう歌を歌ってほしいと思います。現代の歌謡曲においてはもちろんですが、古い曲の中にある情緒豊かな歌の掘り起こしをやっていただきたいと考えております。

――全国のママさんコーラスなどで、こうした歌がよく歌われているのではないかと思うのですが、そ

ういった方々を波動的に指導されるというのもよいのではないでしょうか。

はい。私は波動を流すだけ、その波動を受けて歌う。こういうことになりましょうか。音楽の新しいかたちだと思います。そこで求められるのは、媒体としての感受性の鋭さです。今の人たち、昔に比べますとずいぶんそういった感受性をもつ方が少なくなりました。ですから、そういう運動をしていくのもよいのではないかと思っております。

我々弁財天というものは、とくにこの芸能的な面において感性をもっているわけです。

――たしかに、将来、女性性エネルギーの台頭ということを考えたときに、弁天さまのような存在価値は、非常に大きいものがあると感じますが……。

嬉しいことです。やっと我々が表に出るといいますか、我々も陰ながら努力はしてきたのですが、表に出てゆくという役割を与えられました。

――これは国常立大神をはじめ、いろいろな神さまのお力……。

はい、そうです。大神さまの働きでございます。大神さまによって決定されたわけです。人間の言葉でいいますと、うずうずしております。ワクワクしております。

我々弁財天も月に一度ほど集まって会合を開いておりますが、その中で話題となることは、我々がかかりて歌えるだけの霊媒的な働きをもつ音楽家がどこにいるのかということなのです。考えてみると、非常に少ないと言えば少ないのです。もっとたくさん秀でた媒体を必要としているわけでありますが、現実的には厳しい……。

こういった活動を通して、我々の波動に敏感な人が増えることを望んでいます。

次に、我々弁財天の考えていること、その計画についてお伝えします。

田心姫さまは秘策があるとおっしゃいましたね。

——胎教として田心姫のエネルギーを流すということでした。

田心姫さまがエネルギーを流す時間帯は、午後3時〜3時15分ということでしたが、我々もそれに似たことをやりたいと考えております。

我々は日本中というわけにはいきませんが、東京のような大都会には非常に波動の粗いところもありますので……。

――東京一帯ぐらいだとそれは可能ですか？

女神の全員の協力を得ることができれば……。まず東京をモデルケースとしてやってみようかと、いま話し合っておりました。あなたの住んでいる地域が中心となります。ここを中心として、できるだけ広い範囲で東京にエネルギーを降ろそうかということになりました。

――時間帯は？

あなたさまに決めていただいて結構です。

――午後4時30分～4時45分ということでいかがでしょう。

はい、我々の仲間にも伝えておきます。試みにということでよろしいですか。

――はい、結構です。午後4時30分～4時45分、弁天さまの光が東京に降りてくるとは、素晴らしいことですね。ありがたいことです。

このように、我々は女性性エネルギーを代表して、表に出てゆけるということに対して、やっと我々の時代が来たのかと感慨にも似た気持ちでおります。

ところで富士の神、木ノ花咲耶姫《このはなさくやひめ》さまは我々に対しても理解を示される方でございまして、やはり女神であるということにおいて、人間の言葉でいえばご愛顧いただいております。おそらくこれからの時代、木ノ花咲耶姫さまが大きくご活躍されるのではないかと思っております。日本の女神の中でもトップに君臨される方です。

どちらに致しましても、私が伝えたいことは、我々のような存在が表に出てゆくことで、社会的な事象においても、芸能的な事象においても、女性性エネルギーの強い面が多く出てくる時代になっていくだろうと思っております。

直線よりも曲線を、強さよりも優しさを、ごつごつしたものよりも柔らかく美しいものを、ということになるでしょう。

これは我々が感情的には優しさ、たおやかさ、柔らかさというものをもっておりますので、今の時代にはそれが必要だということであり、ゆえに日本の神々も期待をしておられるのです。私ももちろんそうです。

神の顕現、そのことをどうか人々に知らせてください。

神とともに生きていく人間が増えていくことを私どもも望んでおります。


――ありがとうございました。

∞

国常立大神――われなり。この神もまた、女性の神の中でもひときわ秀でた存在なり。そなたにとっては不思議であったであろう。神々が話をされて、日本中とはいかないまでも関東、東京を中心にエネルギーを流したいという……。

一生懸命、己の存在を役に立てたいという思い、まさに涙ぐましいものがある。そなたもそのことに協力するがよし。

今の若者、音楽と切っても切り離すことができないほど、生活と密着しているようであるが、若い人たちにおいてチャネリング能力をもった素晴らしい音楽家が出てくればよいのう。

古き日本のよき時代の抒情歌、これらの曲もいま一度、光を当ててみるとよいであろう。よくよく指導してもらうがよい。

（２０１２年12月26日）

阿弥陀如来《あみだにょらい》のメッセージ

∞　∞　∞

「慈悲」のエネルギーを地上に降ろす

私は阿弥陀如来と言われる存在のものです。このたび、国常立さまの計らいにより、私自身の考えを述べさせていただきたいと考えております。

現在、人々の心には神さまというものが観念的なものとしてしか存在せず、生き生きと実在したものとして日常生活の中に根差しておりません。

仏教界においては、最高レベルの心の状態を「慈悲」という概念で説いておることは周知の事実です。キリスト教においては「愛」であり、儒教的には「仁」であり、言葉は違っても目指すところは究極、人のために尽くす、役に立つ、奉仕的なサービス精神、このようなものに尽きるのではないかと思います。

現在、あなたにおかれては銀河のエネルギーをはじめ、天照大神《あまてらすおおみかみ》とか日本の神々の光の流入に関与しておられるわけですが、我々仏教界においても、慈悲のエネルギーをこの地上に降ろしたいと考えております。

人間はやはり高みにのぼりますとき、それぞれの個性に合った登山道があります。その中には仏教的エネルギー、慈悲のようなエネルギーを愛する方も、たくさんおられるはずです。神も今の時代、国常立さまをはじめ、心勇んで活躍をされるようになりました。**我々、仏教界の存在もまた心勇んでこの時代に、地上への光の流入計画に加わりたいと考えるに至ったわけです。**

そこで、あなたにおかれましては、忙しいことは重々分かっておりますが、やはりある時間帯、導管としての役割を担っていただきたいと思っております。午前10時より15分間、仏教界の慈悲エネルギーをこの地上に降ろそうと計画しております。

まさに日本は神の国。仏の国として百花繚乱の神のエネルギーが満ち溢れる、世界に誇る素晴らしい国となります。

――このような計画は、仏教界において過去に存在しましたか。

ある一部の地域においては、例えば寺社や仏閣のある場所においては、限定されたかたちでエネルギーが降ろされているということはありますが、今回は日本全体に及ぶ大プロジェクトであります。神も仏も日本再生・新生日本のために、動き始めました。

――あなた方は、神界の神々とも話し合いをされるのですか。

あまりなされることはありません。神々は神々として、我々は我々仏教界の存在たちの間において話し合いをします。

しかし、**これからは、神々とも協力しながら、協同的にやっていかなければ、この国は成り立っていかないところまで来ております。これほどの大規模な神仏の働きが始まる時代も、かつてなかったのではないかと思います。**

一刻も早く、こうした神仏の働きを世の人々に教えていただき、神仏に向かう人間を一人でも多くつくっていただきたいと思うわけです。

本日は午前10時より15分間、仏の光を降ろしますので、どうぞ受け取ってください。神の光ともまた一味違うエネルギーの優しさを感じ取っていただければ、嬉しく思います。

この世は陰陽という概念で表わされますが、大きく分ければ神の世界は陽であり、仏の世界が陰でもあります。また神々の世界にも陰陽があり、我々仏教界においても陰陽が存在します。非常に複雑なエネルギーのバリエーションがあるのです。お分かりかもしれませんが、私のエネルギーは慈悲の奥深くに、力強いエネルギーもまた包含しております。一様ではありません。微妙な波動のグラデーションといったものがあり、感受性の豊かな人には、この微妙な色合いを受け取っていただきたいと考えております。

次に、「供養」についてお話ししたいと思います。

仏教界においては供養という概念が存在し、また帰幽した者もその行事を楽しみに霊界において待ち望んでおります。

我々のエネルギーは、帰幽した者たちにやすらぎと平和な心を与え、皆一様にこのエネルギーを受け取ったあとは、一段と輝く顔になっていきます。

そこで人びとに伝えて欲しいことは、**我々のエネルギーが降りる時間帯に仏壇に向かい、お線香をあげて、先祖の者たちへ「これより、阿弥陀の光が降りてきます。あなた方への供養の光が届きます。どうぞ心やすらかにして受け取って、浄化の道を歩んでください」**と伝えていただきたいと思っております。

まさに坊主いらず、行者いらず。あなた方自身が、仏の代理として先祖に供養の光を届ける者となります。どうか自信をもってやり遂げてください。かつてない大供養が、全国規模においてなされようとしております。

最後に、これから神仏がより身近にあなた方の側で応援してくれる、素晴らしい御代《みよ》の時代が到来しました。どうぞ日本の皆さま方よ、素直な心で神仏のエネルギーを受けとめ、顕幽一体、ともに浄化への道を歩んでください。心より応援をいたします。


――ありがたいことです。

今日は時間をとっていただき、ありがとうございました。

国常立大神――ご苦労であった。神も仏も、地鳴りのように動き出したのう。面白い時代が到来したのじゃ。人間は、このありがたき神仏に手を合わせて感謝せねばならぬぞ。力強いパワーの仏であった。

（２０１２年１月25日）

∞

菩薩意識《ぼさついしき》のメッセージ

∞　∞　∞

引導としての働き

私は仏教界におけるあなた方が呼ぶところの菩薩界の存在のものでございます。

（日本のお寺に入ったときに感じるような慈悲深い、優しい波動）

私はもともと日本国に存在しているものではなく、古代にインドより日本に仏教の伝来とともにやってきたものでございます。

あなたがお感じになったように、私は女性的な、女神のような優しい波動であると私自身も思っております。また、それが私の役目であります。死者を慰め、霊界に旅立たせるときに、私どもは活動しております。

例えば、ある人が亡くなったとします。僧侶の読経によって、我々もまたその場に降り立ってまいります。死者の心を慰めるために、私たちは働くわけであります。

――あなた方は、迷っている死者に話しかけることはあるのですか。

私たちの声を聞くというのは非常に少のうございます。したがって直接話をするというよりは、やすらぎを波動として与えるといったほうが、正しいかと思います。

とくに霊界の存在を知らない人間にとって、亡くなった後の混乱は想像を絶するものがあります。いくら叫んで、家族にコミュニケーションを取ろうとしても声は届かず、いったいどうなったんだと混乱の極みに達します。「私はここにいるのに、なぜ気がついてくれぬ。いったいどうしたことか。これが死ぬということなのか?」と慌てふためきます。

我々はそうした死者に対して、とにかく心を落ち着かせるために、柔らかなこの波動を浸透させます。

そこで私が今日伝えたいことは、「霊界がある」ということです。人間は亡くなれば、新たな世界へ旅立つ。そういった基本的な心霊知識を伝えたいのです。

霊界があり、神界があると理解している霊魂においては、比較的動揺はあるにせよ、死というものを受け入れる体制があります。

しかし無神論者と言われる人、この世で終わりと思っている霊魂においては、やはりその嘆きようは一様ではありません。見るも無残な動揺をきたしている者が少なくありません。

やがてその者も、時間をかけてその者の守護霊なり、先祖の者が説得をし旅立っていくわけですが、なかには非常に時間のかかる者もおり、なかなかに悟らず、手を焼かせている者も非常に多いのです。ですから、できるだけ生きている間にこうした霊界があるということを、教えておく必要があります。

あなたはいろんな神々の波動、宇宙の存在、銀河エネルギーとさまざまな界層におけるエネルギーを感知できる方でありますが、私の波動もまたそうした存在の波動と比べると、一味違った波動に思えるのではないのでしょうか。

——たしかに、仏教界におけるこの波動は独特ですね。しかし心がなごみ、やすらぎます。神々のやすらかさとは、また一味違うものがあるように感じます。

そのとおりです。とにかく我々の仕事は、心の動揺を鎮める、これを第一義的なこととしております。やすらかで落ち着いた心にさせる、これがまず我々の役目です。

次に、私が伝えたいこと。

まず四十九日という時間を経て人は、現世の執着を断ち、霊界へ旅立って行きます。やはりそのくらいの時間を置かなければ、なかなかに執着が取れない、この世の未練を断ち切ることができないという配慮でありましょうか。こうした猶予の時間が与えられております。

その亡くなった瞬間、さまざまな光が降りてきます。もちろん我々もその一色でありますが、先祖の方、背後霊、守護霊、また良からぬものの誘惑の光も降りてまいります。これから伝えるのはそのことでございます。

とくに生前、宗教団体などに属していらっしゃった方、またそれに準ずる方において、そうした存在の光——光でないものもあるのですが——そういったものからの誘惑もあるということを知っておいてほしいと思います。

正しい光なら良いのですが、とくには幽界に潜むものが食指を伸ばし、その者を幽界に引っぱり込もうとする危険性があることも、知らせておかなければなりません。したがってそのとき、どうやってわが身を守るかということが大切になります。

そのためにはやはり、日頃より霊界のあることを信じ、霊界の勉強をしておくこと。守護霊とのパイプをしっかりと築いておく必要があります。

正直に言いますと、死んでからでは遅いのです。生きているうちに、わが守護霊としっかりと関係を密にし、祈り、そうした絆をきちんと築いてほしいと思います。

現代人は、あまりにもこうした単純な事実から目をそらし、現世だけでお終いだという、我々から見ると非常に刹那的な生き方をしているように感じます。人生はわずか七、八十年で終わるわけではありません。輪廻転生を繰り返し、人間の魂は永遠へと続いていきます。そうした壮大な歴史の流れの中で、魂は旅をしていくわけです。いろいろな経験を獲得して、より大きな魂の進化を図るために、神はこのような法則を作っておられます。

やはり、神仏の哲理というものを学んでおかなければなりません。本来ならば、低学年における学校教育において、そういったことが教えられなければならないのですが、何かと遅れております。そうした事実を教える教育機関が、あまりにも少なすぎます。

本来は公の教育の場で、神仏の哲理が教えられなければならないにもかかわらず、それは一般的な人々にゆだねられております。とても残念なことです。

――『チベット死者の書』という本には、人が亡くなったときにいろんな光が降りてくる。その中でもいちばんまぶしい、太陽のような光の中に入って行きなさいと書かれているようですが、いかがでありましょう。

やはり直感的に分かるはずなのですが、その者のハイアーセルフ、守護霊団の光の中に入っていくのが安全だろうと思います。

どういうわけか、それは直感的に分かるようにできているのですが、なかにはそれを拒絶して、自縛霊となってこの世に留まる霊もあります。切々と説得し、それでも死というものを認められない、受け入れられない存在は、やはりその場に何年、何十年、あるいは何百年と自縛し続けるわけです。なんと惨めな、悲しい現実でありましょう。

そうしたことのない世にしていかなければなりません。死んでからいくら我々のような存在が慰めたところで、手遅れなのです。我々は我々で一生懸命働きますが、やはり生存中に心霊知識をしっかり学んでほしいと思います。

悲しいかな、人間は産道を出てくるときにすっかりと霊界の知識を忘れてきます。それが神の慈悲なのでありましょうが、**忘れてきたことを思い出すことに、意味がある**のです。

いったん忘れ、また思い出す。そのことについて知る。勉強する。これが大切なことです。まれに過去世の記憶をもったり、自分が生まれる前の情報を覚えている人間もあるようですが、それはほとんど皆無に近いものです。

次に私が伝えたいこと。

「さておかしいぞ、ひょっとして私はこの世を去り、霊界というところに来てしまったのだろうか」と迷えるときに、どうすればよいかということをお伝えします。

死を受け入れざるを得ないという状況、そこに達したときにどうすればよいかという、ある一つのヒントを差し上げます。

そのときはどうぞ、上を眺めてください。

おそらく上空より一条の光のようなものが降りてくるはずです。それは、迷いの霊を引き上げようとする仏教界の光であります。如来といいますか、神道には神道系の光があるように、仏教には仏教系の光があります。とにかく上空を眺めてみてください。一条の光が降りてきます。

もちろん、その人の先祖なり、守護神の光も降りてくるのですが、同じように仏教界の光も降りてきております。直感的に分かると思いますので、その仏教界の光にも気持ちを合わせてみてください。

その光の中に一度、心を集中し、そこに溶け込ませてください。得も知れぬ恍惚のような優しき波動に包まれます。そうしますと「あなたは、亡くなりましたよ」と仏の世界からの声が聞こえてくるはずです。

もちろん、その方の先祖霊や守護霊も働きますが、我々仏教界の者もそのように働いております。その声に動揺を抑え、冷静になり、癒されてください。突然亡くなられた方、病気で亡くなった方は霊体にその痛みを抱えている場合が多いのですが、その光でその痛みもある程度、癒すことができるのです。

いろんな宗教の本、それから心霊知識に関する本が出版されておりますが、あなたが先ほど言われた『死者の書』に対するようなもの、人が死んだときにどうすればよいのかという本が、あまり書かれているように思えません。その後のことを書かれているものはありますが、いざ亡くなったときに、その霊魂の立場で書かれている本がほとんど見当たらないのは残念です。

そこで、私のような存在がこうして話をしているわけですが、この面における心霊知識もたいへん重要だと考えております。

——おっしゃるとおりです。

あなたのお母さんが亡くなられたときに、お母さんのお顔の上に金粉が噴いておりましたね。

——よくお分かりですね。びっくりしました。あれは龍神界のエネルギーでしょうか。

そのとおりです。あなたはそのとき、上空に龍神が舞っていたのを見たでしょう。

——はい、龍が見えました。その龍の波動が金粉現象を起こしたのでしょうか。

そのとおりです。やはり龍神も、その人が亡くなったときに浄めるというかたちで降りてまいります。すべての人がというわけではないのですが、やはりその徳分に応じてそういったことも起こりますゆえに、このような事実も知っておく必要があります。

――はい、たしかに私の母親が亡くなったときに金粉が噴いておりましたので、兄姉たちと確認をし、驚いたことがあります。しかしそれもしばらくして金粉は消えました。

そのとおりです。龍神もまた穢《けが》れというものを浄め、その者が安心して霊界に旅立てるよう働いております。そのときは、どしゃぶりの雨が降ったり止んだりしたでしょう。

――よくご存じですね。驚きます。

出棺のときには雨が止み、人々が館内でお経を聞いているときには雨が降り、終わる頃にはまた雨が止むという珍しい経験をなさいましたね。

――おっしゃるとおりです。なんでだろうと思うくらい不思議でした。

それもまたやはり、天界の配慮でありました。

――そうですか。ありがたいことです。多分そうだとは思っておりましたが、確たる根拠がないもので

すから不思議でしょうがありませんでした。

神仏というものは存在し、生まれて来るときも死んでからも、それと関わらずに人間は存在することができません。

現代人よ、どうぞ目を覚まして生死ということを含めて、我々は神仏の手の平にしか生きられない、その中で生きているのだということを理解し、肉体だけで一人で生きていると思っている人間が非常に多いようですが、その考えを改めてください。

だいたいそういう人は、他人に頼るのが嫌いであることが多いのですが、依存しない人間などありません。よく見渡してみてください。たいていの場合、自分で洋服一つ作れず、野菜の一つでさえ、スーパーなりお店で買い、お米を調達して生活しているではありませんか。依存しているではないですか。自分が何一つ、家一つとってみても、建てるわけにいかないでしょう。依存の中に成り立っているではありませんか。都合のいいところだけ、自分で生きていると思っているのが人間です。

人間は、依存しなければ生きていけません。助け合って生きております。ましてや、生まれてくるということが、依存の最たるものではありませんか。母の体内に十月十日宿るということと、依存ではありませぬか。自分で勝手に生まれて来たというのはおかしいでしょう。お母さんの栄養を体内にいるときからいただき、体内を借り、生まれてきたら生まれきたで、産湯を使わせていただき、お乳をいただいて成長していきます。

私は依存などしたくないという頑固な人よ、いま一度その事実を認めなさい。謙虚な心で内省し、やはり神仏があって生かされているということ、生かされて生きているのだという事実を受け入れてください。

この世に誕生するということ自体が、神仏の恩寵であります。依存の最たるものです。

最後に、あなたが書き留められているこのメッセージでありますが、我々仏教界のものから神道界、日本の神々をはじめ、果ては聖人と言われる人たち、それから宇宙の生命体、銀河意識に到るまで、非常に幅の広い情報が伝えられております。かつてなかったことだと思います。つまり、あなたは多方面にわたる存在とのチャネリングができるわけでありますから、このメッセージ集が出た暁にはそうした情報を求めたいという人、そういう人たちに情報を伝えるということがどうしても必要だと思います。

そのときは、我々もまた協力します。どうぞ心霊知識を普及させてください。そうしないと、正直言って東日本大震災で亡くなられた後のあのみじめさ……。

――ということは、霊界の存在を信じない人間が、自縛霊となってさまよっているのでしょうか。

そのとおりです。半数以上の者が、自分が死んだことに気がつかずにうろたえておりました。悲しみと、絶望に嘆いておりました。今ではその者たちの身魂も浄められ、浄化をされておりますが、今だにところどころ、現世に対する執着があり、自縛霊となってさまよっている霊魂もおります。そういうことにならないためにも、生きている間にやはり心霊知識をしっかり学ぶ必要があります。

またあなたの場合は、現実にそのエネルギーを降ろすことができますので、かつてない説得力があるはずです。日本の神々、また我々も協力を惜しみません。肌で感じ、体験する。素晴らしい時代がやって来ました。期待をしております。よろしくお願いします。

――はい、微力ではありますが、できるだけのことをさせていただきたいと考えております。

∞

国常立大神――ご苦労であった。仏の世界の存在なり。やはり一生懸命働いておられるのう。

人が亡くなったときにとくに働いておられる存在である。人間というものはこのように死んだあとも、神仏によって、つまり先ほどの言葉でいえば、依存の中に生きておる。そのことを知らねばならぬ。お陰さまでという言葉があるが、はっきりとお陰でなくてもお陰さまでという日本人の心、素晴らしいものがあるのう。その人のおかげだとは思っていなくとも、お世辞のように聞こえる「お陰さまで」という言葉。これは真実をついている言葉なり。

見えないお陰、神仏のお陰、先祖のお陰で人々は生かされておるのぞ。「お陰さまで」という言葉、いま一度知らねばならぬ。そしてそれに対する感謝を忘れてはならぬ。

（２０１２年１月７日）

第6章

星座からのメッセージ

オリオン星座

おうし座の東にある冬の星座。中央に三つ星が並んでいるのが目印。大きく明るい星が多いため、とくに有名な星座であり、しばしば文学作品などにも登場する。

出口王仁三郎（大本教祖）は、オリオン意識と繋がっていたと言われている。

シリウス星座

おおいぬ座で最も明るい恒星であり、太陽を除けば地球上から見える最も明るい恒星。オリオン座のベテルギウス、こいぬ座のプロキオンとともに、冬の大三角形を形成している。古代エジプトでは、ナイル川の氾濫時期を知らせてくれる星として、非常に重要な働きをしていた。

プレアデス星団

おうし座の恒星集団の一種。地球から４００光年の距離にあり、肉眼でも５～７個の星の集まりを見ることができる。狭い範囲に小さな星が密集した特異な景観を呈しており、そのため昔から多くの記録に登場し、各民族で星座神話が作られてきた。

北極紫微宮《ほっきょくしびきゅう》

古代中国天文学において、天球上を三区画に分けた三つのうちの一つ。天の北極を中心とした広い天区。道教における最高神である天帝が住むところとされていた。

オリオン星人（ミューサ・女性）のメッセージ

∞　∞　∞

統合されたエネルギーの流入

このたびは日本の神々のメッセージという中に、私も加えさせていただきました。

――あなたはオリオン星人ということでよろしいですか。

はい、結構です。オリオン星からきました。

――出口王仁三郎《でぐちおにさぶろう》聖師もオリオン出身だと聞いておりますが。

はい、そうだと思います。

私は普段オリオン星にいます。私の仲間は宇宙船に乗ってこの地球に来ておりますが、私は主に母国において、国の運営・管理、そういった仕事をしております。
あなたが天の川銀河のエネルギーの導管になっておられるという話は、私もうかがっております。

――オリオンの星の特徴とは何でありましょう。

我々は霊的存在として生活をしております。地球上の皆さんは3次元的な肉体での生活ですが、我々は霊的存在です。そこが大きく違うところです。
我々はこの銀河系の中に存在しているわけですが、天の川という銀河は今、大きな一つの節目を迎えております。やはりこの銀河も大きく進化していく時期にあたるわけです。

――地球は2012年より5次元波動へ向かってアセンションするということが言われておりますが、あなた方の星、ならびに銀河は7次元とか8次元とか、そのようになるのですか。

次元の問題で言うとなかなかに難しいところがありますが、ざっぱくに考えていただいて、地球が3次元ならば、天の川銀河そのものが現在、8次元というふうに考えていただいて結構です。

——それが9次元になるということですか。

そうです。

——そうすると地球のみならず、銀河全体がアセンションするということですか。

そのように考えていただいて結構です。

——地球は天の川銀河、ならびに他の銀河のエネルギーを受けて、5次元へとアセンションする。天の川銀河も、より宇宙の本源の銀河エネルギーを受けて、8次元から9次元へとアセンションする、というふうに考えてよろしいですか。

そのとおりです。

――他の銀河とは、どういう銀河のことですか。

鋭い質問です。あなたは何だと思いますか。

――私は先日、琵琶湖近くの神社に参拝しました。その際、長さが1キロメートルもあるという大龍神をはからずも目覚めさせるということがありました。実際、その龍神からメッセージもいただきました。その龍神はシリウスを経て飛来してきたものだとうかがっております。

他の銀河とのパイプ役という性質を有すると本人も語っておりましたが、つまり簡単に言えば、この大龍神の関与により、二百三十万光年離れているアンドロメダ銀河の光の流入が行われ、その結果として、天の川は9次元に、地球は5次元になっていく、という推理はいかがでしょう。

鋭いご指摘です。実はアンドロメダ銀河のもう一つ遠いところに別の銀河があります。

――それはどういう銀河ですか。

その銀河はアンドロメダ銀河のはるか彼方の距離にあり、天の川銀河の3倍の大きさをもっています。言ってみるならば、天の川銀河の親のような銀河でございます。

――そうするとこの親的存在の銀河[14]がアンドロメダ銀河以外に、この天の川銀河、ひいては地球に光を降ろすということでしょうか。

そうです。

――それはオリオン星人の調査で分かってきたことですか。

そうです。

――それはいつから始まって来るのですか。

おそらく、２０１２年の夏過ぎて起きて来ると思います。

――この銀河は男性性ですか、女性性ですか。

バランスよく統合されたものです。

――私が思いますに、天の川銀河はどちらかと言えば、男性的なエネルギーが強いというふうに感じますが。

やや男性的なエネルギーだと思います。

――そしてアンドロメダ銀河は、女性性エネルギーと理解しておりますが。

そのとおりです。

――そうするとバランス良く統合されたこの銀河のエネルギーは、天の川銀河を経てこの地球上にも降りて来るということですね。

はい、それで結構です。

我々はこの大宇宙の中心の被創造物ですが、その全貌、深淵さは誰も推し量ることができません。ある程度のことは科学的調査によって分かるだけであって、大宇宙の中心の意志というものは我々の想像を超えるものがあります。

今、地球上では国常立大神《くにとこたちのおおかみ》の計らいにより、女神の台頭、女性性エネルギーの流入による女性原理の社会ができるとうかがっておりますが、他の銀河のエネルギーの関与により天の川銀河、ひいては地球自身が大きなエネルギーシフトの時期に来ております。

男性性エネルギーの極致である侵略、紛争、戦争から、女性性エネルギー、ならびに統合されたエネルギーによる、優しく母性的で協調性に満ちた社会へと変わっていく。

アンドロメダ銀河、ならびにこうした銀河の後押しがあって、より統合された地球になるというふうに考えていただいて結構です。

――アンドロメダ銀河のはるか彼方に位置するこの銀河も、やはり導管となる必要があるのですか。

おそらくあなたのほうに、宇宙から味わったことのないエネルギーを感じるときがあると思います。よく気をつけておいてください。そのエネルギーを認識することで、結果として、あなたがその銀河の導管の役割をするのではないかと思っております。

もちろん、我々も協力いたします。

――過去にこのような銀河からのエネルギーの流入があったのですか。

初めてのことです。なぜならば9次元にシフトするということ自体、初めてのことですから。

――地球は2012年より、居ながらにして銀河の統合されたエネルギーが押し寄せて来る、ということですね。

そのとおりです。しかし、そのエネルギーが訪れても、それを感受できるだけの力がなければ、人間にとって真のアセンションとはなりません。

アセンションするということは、その準備をしておくことが必要です。人間の意識をアセンションの方向へ促すために、今あなたは天の川銀河の導管となって地ならしのようなことをしているわけです。

いずれにしても2012年というのは、天の川銀河霊団に住む存在にとっても大きな節目の年となるわけです。高次のエネルギーを受け取る備えをしてください。受け取れるだけの霊的変容を遂げておかなければなりません。

私は主にオリオン星で科学者の立場で、こうした情報の収集をしているわけですが、あなた方が知らないことで私たちが調べた情報を一つ教えておきます。地球という星についてであります。

地球という星は、3次元的に肉体を持って存在する稀有な惑星であり、このような星は太陽系には他にありません。なぜなら、地球は神の一つの実験場として創られているからです。つまり肉体的な3次元的なものを有しつつ、精神的には5次元波動になるという、そういう構造の中で人間の進化を図る実験場であります。

我々は霊体でありますが、地球人類は肉体を持っております。肉体を持ちながら5次元化するという試みです。ここでたいへん面白い実験が行われようとしております。

――一言でいえば半霊半物質化するということですね。

そうです。とても楽しみなことです。

――その点で気をつけるべきことはありますか。

やはりエゴを落としておく必要があります。半霊半物質の器となるためには、純粋な魂意識になっておく必要があります。そのために地球では、とくに日本においては、霊的ムーブメントといいますか、気づきのための霊的学習の場が増えているような気がします。

とにかく人間の想像の範囲を超える、宇宙の一大スペクタクルが現在、起きようとしているわけですから、気がつかないということはたいへんもったいないことです。乗り遅れないようにと私は言いたいのです。

この大アセンションに乗り遅れないよう、準備をしていただきたいと思います。

最後に、一つのことを伝えます。「愛」ということです。

地球上の聖人、偉人と言われる人たちが過去何千年にわたり、あなた方に愛ということを伝えてまいりました。

——愛を説かれたイエス＝キリスト、また仏陀においては慈悲ということを言っておられますが、さてあなたのお考えになる「愛」という概念は？

愛というのは理屈ではありませんね。愛とは神の本質でありますから、頭で考えて作り出そうとする行為ではありません。結果として愛というものが溢れ出る。これが本当の愛です。

頭で考えた愛には打算や利害があり、人間智によって作られる愛というのは、本物の愛とは言えません。

愛とはすでに起きているものです。時間の経過の中に存在しております。これから人間は愛を実践するというよりは、エネルギーの流入がありますので、人間そのものが愛そのものとなり愛を放出している、そういう現象が起きてきます。

人間の存在そのものが愛の放射に満たされる、より神に近くなるということです。したがって、今まで考えた人間の愛とは違ってくると思います。存在そのものが愛となっていきます。**考える愛から存在する愛**へと変わっていきます。


――おっしゃることは、たいへんよく理解できます。

まさに人類の覚醒が起きてくるわけです。しかし、準備ができている人間にしか起こりません。

――二極化されるということは、そういうことですね。依然として気がつかないまま過ぎて行く人もいるわけですね。

そのとおりです。だから私は先ほどから「乗り遅れないように」と言っているのです。人間は本来、肉体だけではなく魂として神の分魂が宿っております。ここに重点をおかなければ愛という存在の本質も分かりません。

ですから、まだまだ目覚めの起きていない地球人よ、魂を目覚めさせてください。ここが分からない限り、愛というものの本質も分かりません。

早く人間は霊的存在であることを知ると同時に、これからの大いなる大進化、変容の時代に銀河エネルギーを受け取れるだけの人間となれるよう急いで欲しいと思っています。

肉体を有しながら、5次元化するということは素晴らしいことです。本来なら帰幽した後、魂が5次元の世界へ上昇していくわけですが、現代では肉体を持ちながら5次元に移行するチャンスが与えられております。素晴らしい神の試みです。

――オリオンの科学者が明かしてくれた真実に驚きを禁じ得ません。ありがとうございました。お名前は？「ミューサ」と聞こえますが、それでよろしいですか。

それで結構です。

――また何か有益な情報があれば、ご教示いただきたいと思います。

はい、その機会があれば出てまいります。

∞

国常立大神――われなり。そなたも驚いたであろう。神の大きさとは何と偉大なものであろうか。そなたも、地球や銀河のよき導管となるよう、これからも使命を果たすがよい。まだまだ驚くことが出て来るゆえに、われが歴史に残るメッセージになると言ったのはそのことなり。楽しみに待つがよい。

（2011年12月8日）

シリウス意識のメッセージ

∞ ∞ ∞

来るべき大浄化の時代

わが星の子よ、ご苦労である。長い長い旅の果てに、今こうして巡り合えたのう。

――私がシリウス出身だということは、前にシリウスのUFO、ならびにあなたの星の宇宙人と出会ったことからも知っており、また二、三人のチャネラーの方からもシリウス出身と聞いておりました。

さようなり。シリウスから出た者なり。

――そのシリウスの前は、より本源に近い銀河に暮らしていたのでしょうか。

一応、シリウスから来た者ということでよし。

——今日は何をお伝えになりたいのでしょう。シリウス意識とはどういうものでしょう。またその時代、私は何をしておりましたか。

神官のようなものである。銀河のエネルギーの導管となる役割であった。

このたび、そなたが地球に生まれて来るまでに約三十万年の時間、私は待っておった。三十万年前にシリウスより旅立ち、地球人として転生を繰り返し、この惑星（地球）の者となった。

——つまりアセンションの時期を選んで、三十万年前にシリウスより来たということですか。

さようなり。銀河間の交流をするために生まれて来た。

——2012年より、アンドロメダ銀河、そして8月以降、はるか彼方の銀河からのエネルギーの導管になることを言われておりますが、地球にこうした光を降ろす使命として生まれて来たと考えてよいのでしょうか。

さよう。三十万年前に、われとの契約をしてこの地球をアセンションする時代に、それを実行するために生まれて来ておる。

――アセンションとは、フォトンベルト説や天の川銀河の中心より放出されるガンマ線の泡状の光[15]によってなされるという人など、さまざまな意見があります。

私はアンドロメダ銀河、はるか彼方のS銀河、天の川銀河、そして太陽エネルギー、これらの融合がアセンションエネルギーであるとうかがっておりますが、いったいアセンションの本質的エネルギーとは何でありましょう。

いちばん大きなエネルギーとは、銀河のエネルギーなり。これらの光の流入により、それが成されていく。

――そうするとこれらの三つの銀河エネルギーの融合ということですか。

さようなり。

今回の銀河エネルギーの流入は、過去のものと比べてさらに大きなものなり。銀河間の進化発展でもある。この宇宙には無数の銀河があり、一つひとつ体を成しておるが、今回この三つの銀河が大きく影響し合い、一つの単位として進化に向かう。

三位一体、大浄化の時代なり。

――天の川だけでなく、アンドロメダ、はるか彼方のS銀河も大きく進化するという……。

さようなり。互いの光の交流により進化が促進される。もう一つ上のランクとなる。

地球人民が5次元化と言っているように、銀河もまたさらなる上の進化へ向かう。

さて今日は、そなたに伝えたいことありて、三つの提案をする。

まず一つ目。国常立大神の計らいによりて、この日本の神々や宇宙意識のメッセージが世の中の人の目に触れるわけであるが、おそらく誰も信じぬであろう。ほとんどの者が、銀河意識としゃべるということに対して、認めぬであろうと思う。

しかし、たとえ非難されたとしても、気にせず進め。易しき道ではない。摩擦の多い、抵抗多き道なり。

そなたの使命とは、アセンションを促すことなり。銀河の光を融合して降ろすことなり。ひいては銀河の進化を促すことなり。これが一つ目。

二つ目。人々の意識を覚醒させるために神を見せる。神々の話をするのではない。神を見せる。目の前にありありと見せること。太陽を光らせ、八百万《やおよろず》の神々の光を降ろし、銀河の光を降ろす。銀河の代理者なり。銀河意識の出先機関なり。

――ある意識体は銀河大使などと言っておりましたが……。

さようなり。銀河の親善大使なり。人々の意識を目覚めさせること。簡単なようでいて、いちばん難しきことなり。有神論者に変わるということは、ある神が言っていたように思うが、小さな一歩の歩幅のようで守護神殿から見れば、地球をまたぐ一歩なり。

――人間というものは不思議なものです。霊界で霊的生活をしておきながら、産道を通るときに過去の記憶を忘れる。神仕組み、計らいというのは、まさに複雑怪奇であります。

忘却の中に真実あり。忘却を払拭し、思い出し、また本源に戻る旅。ここに神の隠された秘密あり。思い出す旅の中に苦労あり。苦労あって魂光るなり。

しかし、自己の魂の役割を思い出すように、いずれは仕向けられているゆえに分かるのであるが、分からぬままぼんやりとこの世を去る者もある。おせっかいな話と言えば、おせっかいであるが、そなたが神との約束において、その仕事をさせてくださいという嘆願のもとに、このシリウスより送り出した。今、その仕事をしている最中なり。

――なるほど、自分のことがよく分かるような気がしてきました。

神を見せて、知らせて、覚醒させる。それがそなたの仕事なり。

次に、できるだけこの大浄化の際に発生するであろう大災害を軽減するという仕事がある。大難が小難に、それをできるだけ目指す。人々の苦労を和らげるために、そなたは存在しておる。

――あまりにも大きな大きな仕事ゆえ、また大神の仕事ゆえに、正直なところ私がそういうことを……。そうすると銀河のエネルギーを降ろすことで、天変地異などの大難が小難になるということでしょうか。

そのとおりなり。地球の浄化の際、銀河の光がそれを和らげる。小難とさせる。人間には分からぬことであろうが、光にはあらゆるものを固定させたり、分解するのをある程度防いだり、反対に分解を促進させたりと、破壊と再生の両面をもっておるが、破壊の部分をある裁量をもって、最小にすることができる。

どちらにしてもこの大浄化のときには、この地球が大変な状況を迎えるゆえに、それをできるだけ軽減する。それが望ましいことである。未曾有の大危機を迎えるこの時期、銀河の光もまた導入される。裏表なり。２０１２年は地球人民にとっては新たなる銀河の幕開けとなる。

——そうすると、この三つの銀河エネルギーが地球上に降りて来るのは、何万年ぶりのことでしょうか。一説に一万三千年前、二万六千年前と言われるよりも、もう一つ規模の大きい銀河エネルギーとなるのでしょうか。あるいは、何十万年に一度ということになるのでしょうか。

さようなり、さようなり。三十万年、四十万年、そういうサイクルなり。光の一大スペクタクル、ミラクルなり。

最後の最後にもう一つ。シリウスが他の銀河のゲートウェイになっておるということは存じておるであろうが、はるか遠い銀河よりいずれ、そなたにある生命体が話をするであろう。

――それは私がS銀河と呼んでいるものとは、また違う銀河ですか。

さよう。遠い遠い遠い銀河から来る生命体である。

――例えばそれは何百万光年、何千万光年、どのくらい離れておりますか。

想像がつかぬほどの遠きものなり。シリウスのゲートを通してやって来る。二、三年先になるであろう。楽しみに待つがよい。

∞

国常立大神――ご苦労であった。そなたにとっては不思議であろう。

――シリウス意識そのものですか。

国常立大神——さようなり。火星、木星、金星、地球に意識があるように、このシリウスにも意識がある。考えられぬことであろうが、ここは素直にそうであると認識をもっておくがよい。

——しゃべり方が文語調なのですが、これも不思議です。

国常立大神——古き魂は必然的にそなたの言う文語的語り口となる。これは普遍なり。

——私が日頃感じていることがスッキリとしました。まさに2012年は銀河新年であり、三つの銀河エネルギーの導管となる年になるということですね。

国常立大神——さようなり。これで自分の使命、方向性がはっきりしたであろう。

——はい。そのとおりであります。

国常立大神——そなたのペンネームは森中光王《もりなかみつお》であろう。銀河＝森羅万象の中より光が生まれるであろう。まさに光の親善大使なり。

――これで全部、繋がりました。出口王仁三郎聖師より命名していただいたこの名前、奥が深いですね。点と点が線となりました。

国常立大神――これらのメッセージは受け入れてくれる者と、また拒絶する者と二極化されるであろう。怯むでなく、諦めるでない。後世に残るものなり。今の人間だけを相手にしておらぬ。迷わず進むが良い。

（2011年12月12日）

プレアデス星団のメッセージ

∞　∞　∞

三つの銀河の融合

プレアデス意識体です。ずいぶん前に、我々の宇宙人があなたのもとにやって来たことを覚えておられますか。

——はい、覚えております。今から十七、八年前になるかも知れません。

短い期間ではありましたが、あなたのところに訪問しておりました。

——素晴らしい母性的エネルギーの光に感動したことを、昨日のように覚えております。すべての人々を抱擁したくなるような、歓喜に満ちたハイな感覚がありました。

さて、我々の星はどちらかというと母性的な愛と言いますか、歓喜を融合したようなそういうエネルギー体であります。

今回、次元上昇というこの時期に、我々もワクワクしながらこの地球という存在を見守っております。しかし、次元上昇の裏側には天変地異や災害などの悲惨な状況も内包しておりますので、それらのことが気がかりなのも事実です。

2012年より、アンドロメダ銀河のエネルギーが天の川銀河を通して流入して来ることを楽しみにしております。このアンドロメダ銀河のエネルギーを一言でいうと、輝くばかりのパールの巨大な渦と言ったらいいでしょうか。柔らかさの中に輝きのある愛を伴った、そういう波動であり、我々もまた同質のものがあります。

あなたは今、この地球上に国常立大神の計らいにより、女神のエネルギーを降ろす導管の役割となっているわけですが、銀河規模で同じようなことが、このアンドロメダを通してなされているわけです。

——はい、下にあるものは上にもあるがごとく、何となくそのように理解しております。

大いなる母性意識、それは地球のみならず、果ては銀河そのものも大きな融合の時代を迎えているわけです。地球次元に留まらず、銀河間においてもそれが成されようとしております。そしてお分かりのように、もう一つのはるか彼方の銀河もまた、交流が行われようとしております。

いま地球上にはたくさんの宇宙的存在、宇宙生命体と言われる存在が飛来しているわけですが、この時期に一人でも多くの人々が神意識に目覚めることを知らせるために来ているわけです。気づきを与えるためです。あなたはシリウス出身ですね。

――はい、そうです。

シリウスもまた、シリウス宇宙人が関与して、この地球人民を創りあげたという由来があります。大きく地球人に関与しております。

今日私が伝えたいこと。まず、一つ目。

地球という惑星は有史以来、戦争の繰り返しであります。他国の領土を奪い、自分の領土を増やさんとして、戦争を仕掛ける。人の生命を奪う。まさに醜いことの歴史の連続。今もまた民族間において、惨《むご》たらしい現実があります。

地球神もそのことをずっと憂いておられ、今回あなたを通して、そうした荒々しいものではなく、女神の台頭、つまり愛溢れる母性的な星にしようと、そういう計画がなされているようです。

――そのとおりだと思います。

我々はそれを気づかせるために、ずいぶん前からこの地球上に宇宙の存在を通して働きかけておりましたが、今回こうした銀河間のより母性的な融合エネルギーが統合されて来る時代になることを嬉しく見守っております。

さて、２０１２年でありますが、お分かりのように天の川、アンドロメダ、そしてはるか彼方の銀河、この三つの銀河エネルギーが融合され、地球上に降りてきます。

――アセンションというのは各人様々で、フォトンベルト説、天の川銀河の中心より溢れ出す巨大なガンマ線の紫色の泡が太陽系を覆うなど言われております。チャネリングを通して、私がうかがったところによりますと、三つの銀河のエネルギーの融合が4分の3を占める、あとの4分の1が太陽エネルギーであるとのことでしたが、それについていかがでありましょう。

おっしゃるとおりです。間違っておりません。ある日突然に次元上昇するというのではありません。今もすでにここ四、五年前から、徐々に天の川銀河霊団の中心より、ご存じのとおり銀河のエネルギーが来ておりますが、来年よりあと二つの銀河の融合が始まってきます。

あなたは現在、天の川銀河霊団の光、そして天照大神《あまてらすおおみかみ》、女神のエネルギーと一日に何回か、光の導管となっておられるようですが、来年からはこのアンドロメダとはるか彼方の銀河エネルギーの導管となり、この地球は銀河エネルギーの大洪水となります。素晴らしいことが起きようとしています。

――これは何十万年に一度ということになるのですか。一万三千年に一度とかいう規模をはるかに超えたものではないかと思うのですが。

はい、そのとおりです。三十万年に一度のことが起きようとしています。

――過去三十万年前に、こういうことが起きたのでしょうか。

一度ありました。しかし、それは今ほどの規模ではありませんでした。今回は大規模で、本格的な銀河の融合ということになります。

ですから一つ目に、戦争を終結するために、人々の紛争を失くすために、地球上では母性的なエネルギーとしての女神たちの台頭があり、銀河間でもそれの拡大したものが行われるということです。

二つ目、人間の意識が拡大して銀河意識と共鳴するということです。

あなたもお分かりのように、パラレルワールド、人間はこの3次元だけを生きている人、4次元も同時に生きている人、5次元、6次元、銀河意識も感じながら生きている人、このように意識の幅があります。

これからは、地球人民が銀河意識を伴って拡大された意識で生きるということが起きてきます。つまり、これが次元上昇ということです。それは生きながらにして、神意識を伴った今までの人類と違って、大きく変容したものとなります。

肉体をもちながら、ハイアーセルフと同じような意識をもつ。大げさに言いますと、生きながらにして悟る、そういうことになります。

神意識となるわけですから、思うことが叶い、願望においても願うことが時間を待たずに成就します。つまり意識の拡大です。5次元への意識の拡大となります。

しかし、すべての人間がそうなるというのではなく、準備が整った人間はそうしたアセンションができる——つまり、あなた方の言われる二極化ということです。

準備の整わない人間は、依然として3次元に留まる人間として生活をしていきます。準備の整った人間は、5次元の宇宙への旅が始まります。ですから、あなたが我々のメッセージを発表して、人々の意識を目覚めさせ、意識の拡大を図るということを神は計画しておられます。

一人でも多くの人間が、次元上昇へと進んでほしいという願いがあり、こういう計画が進行しているものと信じています。

時間がないのです。大いなる過渡期、ターニングポイント、これが２０１２年から始まっていきます。

次元上昇への心構えについては、すでにたくさんの神さまがあなたを通して伝えておられるので重複を避けたいとは思いますが、一つだけそのことについての心構えを私のほうから伝えておきたいと思います。

いちばん大切なこと、やはりそれは「愛」です。

いくら科学技術が発達しても、愛のないものは滅びていきます。過去にも、たくさんそういう星々がありました。素晴らしい科学技術が発達したのですが、核によって滅亡していきました。科学の行き着く先はどこの星も核です。醜い心の最終兵器、これが核戦争です。地球もまた同じような運命をたどるような気がして、我々は警告を発しておきたいのです。

愛の伴わない科学の行き着く先は滅亡となります。したがって、いつも原点に帰っていくような思考回路と言いますか、この行為は愛から発しているものかどうか、常にそれを点検していただきたいと思います。単純なようでたいへん難しいことです。

地球人にとって、大きく進化しているように見える宇宙人たちの存在の中にも、「われよし」とする文明も存在するのです。宇宙人がすべて素晴らしいのではありません。愛のない非常に陰の極みのような宇宙人も存在しております。

あなたもすでに体験的に知っていると思いますが、我々から見ても情けないことです。ですから地球は、これから科学がさらに発達していくと思いますが、愛を基盤とした文明を築いて貰わなければなりません。そのために、たくさんの宇宙的存在がいろんな角度から説いているわけです。

そういった点において、芸術は非常に大きな貢献をいたします。あなたは音楽をやっていらっしゃいますが、音を通して喜びを表現し、愛を伝えていく。音楽家にはそういう使命があります。

ある神さまが喜ぶということがいかに大切か、あなたに伝えたでしょう。

――はい、そうです。喜びから始めていきなさい、ということでした。

そのとおりです。喜ぶということの中に、人を害する心はありません。喜びは愛の原初です。喜びのない愛など存在しません。まず自分が喜び、そしてその喜びを与える、分かち合う。ここに愛の原点があります。

愛が大切なことであること、ここから離れた文明は滅びることを覚えておいてください。

次に、最後の一つとなりますが「知性」についてです。

仏陀は愛と知恵は裏表だと説いていますね。


――はい。


愛を与えるには裏側に知恵が必要です。むやみやたらと愛を与えることは、危険なことでもあります。お分かりのとおりです。知恵、知性、そのことについて、一言伝えておきます。

極端な言い方をすれば、愛の対極にあるのが知性ということになります。理性的に物を考え、科学というものが発達し、そこに現代人の知恵としての知性が育まれてきました。知性が勝ち過ぎるとやはり冷たい人間となり、愛が勝ち過ぎると自分が滅びていきます。愛を与えてしまうと、最終的には自分自身をも滅亡に向かわせます。難しいところです。何もかも与えてしまうと自分の着る服がなくなり、住む家がなくなり、究極はそういうことになります。そこにはやはり、知性と愛のバランス、統合、融合が必要です。ですから、知性の裏側には愛が、愛の裏側には知性が必要です。

しかし、こうした知性というものは、勉強しただけでは身につけることはできません。つらい経験を通して、そこから学び、人間は知性と愛を育んでいく、という神のカリキュラムがあります。

愛も知性も経験を通して、大きく豊かなものにしていくわけです。頭で考える愛もありませんし、頭で考える知性もありません。そこにはつらい、悲しい、苦しい体験を通して、また喜びを通して、愛と知性が磨かれていくわけです。やはりここにも両極というのが存在しているではありませんか。

男性性の中に女性性のエネルギーがあり、女性性の中に男性的なエネルギーがある。女神の力を見てもあなたはそう感じるでしょう。あの女神の豊かな育む優しさの中に、非常に力強い男性的なものを感じておられるでしょう。

――そのとおりです。

そのように愛においても、知性においても、その裏側には対極のものがなければなりません。ですから、バランスの取れた愛と知性の発達というのがどうしても必要なのです。そうしないとまた、戦争へと駆り立てられます。人を殺してでも自分を優位に保とうとする愚かな行為です。

もうそろそろ地球人民は、こういう愚かな行為から脱却していかなければなりません。誰も戦争を望んでいないのに、結果として起きて来る。何という矛盾でありましょう。悲しい苦しい現実がここにあります。

どちらにしても、人間にとってこの偉大なる銀河の融合が、知性を発達させ、愛を育んでいくことになります。非常に楽しみなことです。

どうぞ上手くこの時代を乗り切ってください。間もなく大いなる変容の時代、神意識への変容の時代を迎えます。

——私がこうして話しておりますプレアデスという意識体は、一人のプレアデス宇宙人というのとは違いますね。

違います。

——プレアデスという星の意識体がしゃべっていると考えてよいのですか。

そのとおりです。あなたはかつてシリウス意識、オリオン意識、そして水星、金星などと話しかけておりましたでしょう。

――はい。

同じことです。太陽にあなたがしゃべりかけると光るでしょう。そして時々、声が聞こえるでしょう。それと同じことです。

こうしてあなたと向き合って約1時間、私はあなたに語りかけております。すべての星は生きております。地球もそうであるように、太陽も然り。私たちの意識体もまた、意識ある生命体です。

今回あなたを通してしゃべったことは、細かいことは言っておりませんが、大まかなことは伝えてあります。

こういった世界に初めて触れる人たちにおかれては、一日も早く目覚めてください。銀河の光がお手伝いをします。我々もまた宇宙人という存在たちも、あなたの意識の変容を手助けしております。それに早く気がついてください。

――貴重なご意見、誠にありがとうございました。

∞

国常立大神――ご苦労であった。柔らかな星であるのう。この来るべき銀河の光を楽しみにしておられるようじゃ。そなたにとっては大仕事である。こうした星々の意識体も楽しみにしておられるゆえ、２０１２年はこれらの光の導管となりて、地球の変容に協力するが良い。

――正直、私は天の川銀河の光の導管になるだけでもびっくりしておりますのに、アンドロメダ、さらにはるか彼方の銀河の導管になるということですね。

国常立大神――さようなり、さようなり。そなたは銀河の親善大使と言われたであろう。大袈裟ではない言葉なり。事実なり。大きな大きな巨大なそうしたものである。人間というものは小さきものなれど、巨大なものでもあるのう。

まさに人間は神意識を己の中にもっておる証明なり。そなたがよき証明なり。

（２０１１年12月22日）

北極紫微宮《ほっきょくしびきゅう》のメッセージ

∞ ∞ ∞

宇宙時代の幕開け

北極紫微宮神なり。

このたび地球の大変期にあたり、われもまた、そなたを通してこの地球の未来について伝えておきたいと思う。

２０１２年は、いよいよ本格的な宇宙時代に突入する。

宇宙時代とは何か。一言でいえば銀河の時代なり。銀河の時代とは何か。銀河間の交流があり、この地球上にそなたも知ってのとおり、大銀河のエネルギーの流入があることとなり。

２０１２年早々には、この銀河にいちばん近いアンドロメダ銀河、春先には素晴らしい光の流入があるだろう。

――私はそれにおいても導管となるのでしょうか。

おそらくそういうことになるであろう。そなたがアンドロメダ銀河を意識することで、エネルギーの光が増大する。したがって、やはり任せるのではなく、共同作業を行うという意識が必要である。

――はい、承知しました。それから、天の川銀河より少なくとも五百万光年以上離れているという、もう一つの銀河の距離はそれで正しいのでしょうか。

おそらく距離はその10倍以上あるのではないかと思われる。

――私が仮称S銀河と呼んでおりますこの銀河エネルギーの流入もあるということですね。

さようなり。

――これは2012年後半、8月以降と言われておりますが、それでよろしいですか。

２０１２年の後半になるであろう。そなたにもすでにその片鱗は見せられているであろう。とてつもない大事件なり。人間に理解してもらえるかどうか心許ないのう。

しかし、事実なり。そなたもそのエネルギーを感じておるとおり、光速を越えて瞬時にやって来る。瞬時に伝わる。今のところ天の川銀河にとって、いちばん遠き星団の存在なり。しかしそれが来年より関与する。

――2012年、地球上ではアセンション（5次元上昇）ということが言われておりまして、さまざまなアセンション説がささやかれておりますが、私が得た情報によりますと、天の川、アンドロメダ、そして今のS銀河、これらの銀河のエネルギーの流入がアセンションの4分の3を占める。あとの4分の1は太陽エネルギー、この認識は正しいでしょうか。

さよう。まず、来年より光の流入の増大があり、毎日がキラキラと輝く光に包まれるのであるが、おそらくこれらの銀河の流入が、そなたたちの言う「アセンション」になるのではないか。

フォトンベルト説も取りざたされているようであるが、それよりはこれらの銀河の光のほうが大きな力を発揮する。かつても大昔の大昔にこれに似たようなことがあったのであるが、今回は非常に大規模なことなり。

目も眩むような銀河の光の流入なり。準備ができておる者は、その光に気がつき、それを乗り越えていくことができるのであるが、準備ができておらぬ者は、何が起きたか分からぬまま、やり過ごすであろう。

――いわゆる二極化ということですね。

そのとおりなり。3次元に生きながら、3次元に留まって生きる者、4次元的に生きる者、5次元的に生きる者、それ以上に生きる者、それぞれの次元で生きる。魂の差なり。

――ところで、北極紫微宮とは北斗七星（大熊座の七個の星）の近くにある星ですか。

さようなり。

――どのくらい離れているのですか。

北斗七星の七つの星の距離の3分の2の長さに離れておる。北の方向にある。

――この北極紫微宮には日本の仙人、宮地水位《みやちすいい》(16)という方が、肉体を持ちながら霊的に出入りしていたということを聞いておりますが……。

さようなり。この者存じておるぞ。

そなたは、神道、仏教、キリスト教、世界のあらゆる宗教を超えた、超宗教という立場で、この大仕事をなさねばならぬ。

本来、宗教というものは派閥などないのであるが、民族、人種の違いにより、その国民性に応じて神々が現われたかたちになっておるが、本来は一つのものなり。

わが星には、さまざまな人類、人種……。

――宇宙人もいるそうですが。

さよう、宇宙人も含む。あらゆる人種の卓越した悟った者が、わが星には居られる。したがって、超宗教という立場で、さまざまな神・存在のメッセージは読まれなければならぬ。

一つの宗教にこだわる時代は終わった。そなたたちの言う、ボーダレスという言葉が流行した時代があったであろうが、まさにワンネス。国境を越え、民族を越えて、大いなる真実の真《まこと》の道を説いていかねばならぬ。

そなたが降ろしたメッセージの数々は、非常に易しいところから始まり、宇宙の銀河の存在、宇宙生命体となかなかに奥行きがある。一見分かりやすいようで、難しいぞ。これからこうした情報に初めて触れて勉強される者よ、心して学んでいくがよい。心霊の道は、奥の奥の奥のところまでの長き道のりなり。


――日本においては国常立大神の計らいにより、女神の進出といいますか、天照大神をはじめ、宗像三女神《むなかたさんじょしん》などの光が降り注がれているわけでありますが、ゆくゆくは日本のみならず、世界に拡がっていくものだと信じております。

そして、まず日本において女神の女性性エネルギーが台頭し、男性性エネルギーとの融合が行われ、それを受けて銀河間においても拡大された相似形を成すといいますか、天の川銀河、アンドロメダ銀河、またS銀河のエネルギーが統合されていくのでしょうか。


そのとおりなり。

アンドロメダ銀河はより母性的エネルギーであるゆえ、天の川銀河はその影響を受ける。優しさのある銀河である。

——そしてもう一つのS銀河というのは、天の川とアンドロメダが統合された銀河エネルギーと捉えておりますが、それでよいですか。

この銀河はより本源的なものなり。宇宙の中心とは、人間の感覚からすれば、天の川銀河と思っているであろうが、本来宇宙の中心とは無数の銀河を束ねる中心であり、いわゆるこの銀河、そなたのいうS銀河は、より本源的な銀河のエネルギーに近い、より中心的なものである。中心に近い本源的なエネルギーが降りてくるぞ。楽しみなことなり。

どちらにしても２０１２年、この銀河間のエネルギーは偉大なるエネルギーの奔流となりて、地球に降りてくることを一日も早く人々に知らせよ、目覚めさせよ。

もう一つ伝えたいことがある。

この地球人民にわが星、北極紫微宮を知っている者が非常に少ない。わが存在をほとんどの者は知らぬ。大切な星なり。これをしっかりと伝えてほしい。これからより大きな働きをしていく。この地球を見守っていく。

——太陽神界の上に北極紫微宮の存在があると考えてよいのですか。

まあ、そのように考えてもらえばよし。太陽神界を越えて、わが神界が見守っておる。そういう親的存在なり。おいおいに知らせていくことなれど、まずはわが存在を人々に知らせてほしい。そして夜空を見上げて、北極の方向にあるこの星に祈りなさい。

人間の本質的な行為とは祈りなり。わがハイアーセルフに祈り、太陽に祈り、よりまた本源的な神、大きな宇宙の中心に祈り祭祀《まつ》らう。これが人間にとって大切なことなり。

中心帰一するという考え方、大切なり。本源に祈り、本源に感謝する心、大切なり。祈る者、光をいただけるのぞ。無駄ではないぞ。われもまた大きく働くなり。太陽が光るのはそなたにとってはもう常識のことなれど、そなたも北極に向かいて祈れば、わがエネルギーを送るなり。

今日、最後に伝えたいことをもう一つ。

そなた、一つ時間を決めて夜に私のほうに時間をとってくれまいか。

――はい、午後9時とかというのはどうですか。

良いのう。午後9時に北極のほうに向いて、われに語りかけよ。15分間、北極紫微宮より地球に光を送る。

――ほんとうですか、というと失礼にあたりますが、実際に光が降りてくるようになりますか。

その計画を考えておる。私もまた、光の計画の一員として参画したく思っておる。

――さっそく今日から始めさせていただきます。

今日いちばん伝えたいことはそれなり。それでは夜の9時よりの光のことを皆に伝えてくれ。

――はい、分かりました。

∞

国常立大神――素晴らしきことなり。これでまた地球は、もう一つの光が入るのう。そなたも忙しいことよ。楽しみが増えたであろう。人間のＤＮＡも変化を遂げるのう。人々の守護神殿が、歓喜を覚えているのが分かる。

２０１２年からさらに忙しくなるゆえ、体をいたわって、神の仕事を遂行せよ。人がとやかく言うことは気にするでないぞ。
先駆者とは、そういうものなり。これらの書いてあることが、すべて常識になるまでには、かなりの時間を要するであろうが、この宇宙の大神秘を常識にしていくのがそなたの仕事なり。常識のレベルまで、説いて説いて、語って語って、伝えるがよし。

（２０１１年12月24日）

〔注釈〕
(14) **親的存在の銀河**　のちにＳ（シルバー）銀河であることが判明した。
(15) **ガンマ線の泡状の光**　フェルミバブルと呼ばれる、ＮＡＳＡの天文衛星によって撮影された紫色の巨大泡構造のこと。
(16) **宮地水位**《みやちすいい》　１８５２〜１９０４年、現在の高知市生まれ。十歳の頃から五十三歳で帰幽するまで数百回にわたり肉身のまま異界を往来し、その記録を『異境備忘録』に残した。

第7章

太陽系からのメッセージ

月

地球を回る唯一の衛星。直径 3477 キロで、地球の 4 分の 1 であり、質量は地球の約 80 分の 1。月には大気も水も存在せず、その表面は大小無数のクレーターによって覆われている。

地球

太陽系第 3 惑星。大量の液体の水が存在し、大気に守られた環境により、生命が育まれた。地球にはプレートテクトニクスが存在し、表面は 10 数枚のプレート（岩板）からなっており、これらは上部マントルの対流によってゆっくり動いている。

プレートの境界では、プレート同士の衝突や沈み込みなどの現象が起こり、活発な動きが見られる。これにより、火山活動や地震が頻繁に起きる。

太陽

太陽は G2V というタイプに属する恒星で、水素（71 パーセント）、ヘリウム（26.5 パーセント）を主成分とするガスの塊。直径は 139 万 1 千キロで、地球の約 109 倍、質量は地球の約 33 万倍にあたる。太陽の中心部で起こる水素の核融合反応が、太陽の輝きの元となっている。

太陽は極めて活発に活動する天体で、その表面は「フレア」と呼ばれる爆発現象をはじめ、「プロミネンス（紅炎）」、「黒点」など、さまざまな現象が観測されている。

天王星《てんのうせい》

太陽系の太陽に近いほうから 7 番目の惑星。太陽系の中で木星・土星に次ぎ、3 番目に大きい（直径約 5 万 1 千キロ、太陽からは 28 億 7 千万キロ離れている）。淡い青色をしている。

月意識のメッセージ

∞　∞　∞

日本の神々の復権を世界に向けて発信する

さて、お待たせしました。昨日あなたに話しかけたことを覚えていますか。

――はい、覚えております。私には錯覚のような、今までになくあなたの声が昨日ハッキリと聞こえたので、少々戸惑っておりました。

今日、私はあなたを通してしっかりと伝えたいことがありますので、十分に記録をしてください。

地球にとって私は衛星として地球の周りを回っているわけですが、月の存在は地球に陰陽としてのバランスを与えております。太陽が陽であるならば、もちろん私は陰であります。

そしてまた、地球が固定するようバランスをとるための引力としての働きがあります。これは、地球人民にとっては分からないことだと思いますが、やはりそうした働きがあります。

さて、このたび地球は第七劫期という大浄化の時代を迎え、そのために大きな試練を受けなければなりません。過去にも幾度かこういうことがありましたが、今回は次元上昇という大きな時期にあたり、未曾有の危機を迎えることとなります。私もまたそれを憂いております。この時期を上手に乗り越えて、新しい地球再生のために銀河をはじめ、たくさんの存在がまた地球に浄化のための光を届けようとしているところであります。

あなたは現在、天の川銀河のエネルギーをはじめ、3月よりアンドロメダ銀河、そしてもう一つのはるか彼方の銀河エネルギーの導管となることを私は知っております。

地球にとっても驚くばかりの光の流入があり、3次元にありながらにして5次元的なまったき新しい地球の再生となります。ここに住む地球人民にとっては、3次元にありながら宇宙意識を伴った惑星になるわけです。

しかしそれを理解できる者と、理解できない者とに分かれます。

――はい、二極化するということですね。

そのとおりです。

――私はかつて月に語りかけておりましたが、あまり反応がありませんでした。一度だけ地底人が明日の夜にエネルギーが増大しますので、よく意識しておいてくださいと言われたときは言葉も聞こえ強く感応しましたが、今までなぜ反応がなかったのでしょう。

申し訳ありません。分かってはいたのですが、時機が来るまで控えておりました。あなたの声は届いておりました。時期が来るまで、私は待っておりました。

――はい。太陽は瞬時に光っていただき、それに浴していたわけでありますが、なぜだろうと不思議に思っておりました。

これからはあなたの声に反応したいと思っております。失礼をいたしました。

――いえ、それはよろしいのですが……。

今の人間にとって月がしゃべり、太陽がしゃべるということは、誰も信じてくれないでしょう。そのくらい稀なことであり、不思議なことだと思います。しかし事実です。現にこうしてあなたの意識に話しかけ、これから数十分にわたり私のことを伝えるつもりでおります。

――さて、あなたがお伝えになりたいことは何でありましょうか。

一つには、私の存在が地球のバランスをとるために必要であるということ。それから、私の存在でありますが、月の裏側には実は宇宙基地というものがあり、たくさんの生命体が一つの基地を造っております。宇宙人のための基地です。表側のほうには、そういうものはほとんどないのですが、裏側にはたくさんの霊的存在の基地があり、そうした役割を担っているのがまた、月であります。

ちょうど、シリウスがゲートウェイであるように、月もまたそういう役割を持っております。死んだ星のように見えておりますけれども、現に私はあなたにこのように話しかけております し、決して死の星ではありません。

ずいぶん前から、宇宙の生命体が地球人に働きかけ、意識の覚醒を促してきました。しかし、

２０１２年からは以前にも増して、画期的な宇宙銀河そのものの光の流入となり、単なる宇宙人という生命体の領域を越えて、銀河間における交流が行われようとするようになります。
あなたはそのことにいち早く気がつき、またそうした存在とも意識の交流があり、それをさらに促進するという導管の役割があるわけです。

――出口王仁三郎《でぐちおにさぶろう》聖師という大霊能者が、月読命《つくよみのみこと》ということで、あなたのことも書かれておると思うのですが。

はい、そのとおりです。月の働きについてその方の本を読んでみてください。ほぼ正しいことを言っていると思います。

――月のクレーターのようなところは火山のあとではなく、星々を生んだ跡のようなことを書いてあったように思うのですが。

そのとおりです。それは正しいことです。

――驚くばかりであります。

ほぼ正しいことを言っております。今あなたの後ろで、彼は背後霊のような存在で働いていらっしゃるでしょう。

――はい、そのとおりです。

あなたは現在、太陽と意識のコンタクトがあり、あなたが語りかけると太陽の声も聞こえてくるでしょうが、一つの反応として太陽の強力な力をいただいていると思います。

――はい、そのとおりです。

そして、それは天照神界というかたちで繋がっております。

私もまた、太陽が天照であるように、月読命と言われているものでもあります。

月山という山がありますね。あなたは以前、この山に登られたでしょう。そこで下山途中に強力な光を感じ、その光景を写真に収めましたね。この意識、月山の月読命、これが我々の月意識となります。地球上においてはそういうことであるとお考えください。

日本という国は地球の中でも特異な国で、昔より太陽意識、月意識というものを神の名において説いている素晴らしい神発祥の国であります。日本人民はその素晴らしさを認識しておりません。ただ単なる神の言葉の羅列のように古事記、日本書紀の世界を架空なものとして捉えているようなところがありますが、一方で難しいために、なかなか人民にはこれらの本が読まれておりませんが、非常に大切なことが書かれております。日本は豊かな神々の国であります。

そして私が伝えたいこと。それは、日本の使命についてです。

一言でいえば、こうした日本の神々の復権であり、それの発信であります。

太陽が光るということは、太陽意識があり、天照神界があるということ。月が光る、語るということは、月にも意識があり、月読命と言われている存在、こうした月の意識が脈々と息づいていること。

これらを含め、やはり我々の存在をしっかりと架空のものではなく現実的に「こういう神霊的存在がいるのだ」と認識すると同時に、伝えていかなければなりません。これが日本の役割でもあります。

こうした大変革に向けて、銀河エネルギーの流入とともに日本の神々の復権、あまたなる神々の台頭、これを世界に発信していかなければなりません。

日本にはそういう役割があります。この地球も単なる唯物的なものではなく、地球意識があり、すべての天体には意識があるということです。星々には意識があり、そこにはまた意識の交流もあります。今の人間にとっては、信じられぬことでありましょう。そうしたことが当たり前のように考えられる時代がやっと始まったところです。

まさに宇宙時代の幕開けです。本当の意味での宇宙時代が来ました。月に人類が足を踏み入れたことが、宇宙時代ではありません。こうした宇宙意識が理解できる、それに伴って生活をする。5次元の意識体として、人間が生活を営む。これが本当の意味での宇宙時代の幕開けとなります。素晴らしい時代の到来です。

そして私に語りかけていただければ、太陽がそうであるように、私のエネルギーを送りたいと思います。私もまた、今年から変わりました。天の川銀河を含む三つの銀河のエネルギーを受けて、私自身、大きく変容を遂げようとしております。

そしてもう一つ、今日伝えたいことがあります。

やがて地球は大浄化を迎え、いわゆるあなた方の言葉でいうところの天変地異、大地震、噴火、洪水、異常気象、こうした浄化の前の生みの苦しみが始まります。

——国常立大神《くにとこたちのおおかみ》をはじめ、日本の神々、宇宙意識の存在たちもそのような「生みの苦しみがある」ことを伝えてきております。

急がれております。もう時間がありません。それを防ぐということは不可能です。残念ながら、人間にその力はありません。しかし、その事実を知ることで、それに対応することはできるはずです。東日本大震災を教訓に、備えあれば憂いなしという言葉があるように、やはりあれは一つの前ぶれであります。いずれ来ますよ、という神の前ぶれでありますので、十分に対策を練っていただきたいと思っております。

そしてできるだけ被害を少なく、この状態から抜け出し、新生日本、新生地球として生まれ変わっていけるように願っております。

現在、生きている人間は自覚していない者がほとんどですが、この時期を選んで生まれてきております。わざわざこの天変地異の時期を選んでと思うかも知れませんが、このアセンションという素晴らしい次元上昇の時代を経験すべく、８割以上の者がそのことを理解して生まれて来ておるのですが、ほとんどの者がそれを忘れております。

この時期をわざわざ選び、長い輪廻転生の中で、この時期に生まれて来ているわけです。そして魂の進化を果たしたいという切なる思いで、この時期を生きております。

早く思い出し、気づき、目覚めなさい。まさに夢のような銀河エネルギーの大宇宙時代の幕開けです。


――我々はこれを「アセンション」と言っておりますが、やはり二つの銀河のエネルギーがその大元になるとお考えでしょうか。


そのとおりです。今までにない光の流入となります。霊的に感受性の豊かな者は、これらのエネルギーを浴びることで、驚愕の体験をするだろうと思います。準備の整っておる者は、感動と歓喜に震えることでありましょう。

しかし、そのことをまったく理解できぬまま過ごす者もあります。両極端です。何というスケールの大きな神の計画でありましょう。

それから最後に、私のエネルギーは陰のエネルギーということで、太陽ほど重要性を認められておりませぬが、やはりある面必要なものです。それは人々に鎮魂というかたちで働きかけます。心の鎮魂です。太陽が人間を活性化させ、陽の働きをするように、私はまた一日の人々の心のやすらぎを与える存在としての働きがあります。

どうぞ、仕事を終えた忙しい現代人よ、心を休めるためにも空を仰いで、語りかけてください。5分で結構です。一日5分の時間、私のほうに顔を向けなさい。そして光を浴びてください。苛立った心も鎮まるでしょう。憎しみの心さえ、癒すことができます。そうした働きとしての存在であることをまた覚えてほしいと思います。

そういう意味では、先ほど地球のバランスをとると引力について申しましたように、精神的な面においても太陽が陽、月である私が陰、陰陽のバランスをとっております。精神的に働きかけております。

しかし私が言うのもへんでありますが、あまり光を浴びすぎないようにしてください。陰と陽のバランスがとても大事です。

一日に5分で結構です。すべてこの世はバランスです。陰陽のバランス、ちょうどあなた方の血液が弱アルカリがいちばんバランスがとれているように、陰陽のバランスが大切なのです。

今日は、このくらいとします。時間をとっていただいてありがとうございました。

――いえ、こちらこそ。また空を仰ぎますので、エネルギーをお送りください。

承知しました。

∞

――国常立さま、お月さまがしゃべりましたね。

国常立大神――われなり。人間にとっては不思議であろう。しかし地球には地球の、太陽には太陽の意識があるように、何も不思議なことではない。これもまた、画期的なことであろう。やはりエネルギーもバランスが大切である。朝には太陽の光をしっかりと受け、夜は心を鎮めるために月の意識をいただくのがよいであろう。

（2012年1月6日）

地球意識のメッセージ

すべてのものは生命の集合体

∞　∞　∞

地球意識なり、この惑星《ほし》の生命意識体なり。

――今日は何をお伝えになりたいのでしょうか。

このたび、地球は生まれ変わる。新生地球として誕生する。長い長い間、この時期をわれもまた待ち続けたなり。このたびの神の経綸によりて、この惑星がワンランク上の波動の惑星として生まれ変わる。神の大計画の真っ只中に入ろうとしておる。

しかし、その新しき惑星になるためには、大きな試練を受けなければならぬ。未曾有の危機を乗り越えて、古きかさぶたが取れて、新しい皮膚が生まれるように、溜まりに溜まった毒素を出す。わが身震いをすれば、災害が起きるなり。この毒素を出しきらなければ、新しい地球として再生できぬ。一口にそれを人間は浄化と言うが、大きな痛みを伴うこととなり、人の生命も奪う。建物も壊れる、生活が破壊される。苦しいのう。人民つらいのう。

これから約二十年の間、至るところでわれの身震いによって、地震、洪水、異常気象などが頻繁に起きて来るが仕方なきことなり。

そなたが数年前より、天の川銀河の光の導管となりて、この地球上に光が降りておることは承知である。ありがたきことなり。月もまた、目覚めたのう。

――昨日が月意識との交流でした。今までと違って、月がエネルギーを送りしゃべります。かつて一、二度、月が光ってしゃべることがありましたが、昨日はより月のエネルギーが強力となり、すぐに声が届きます。そしてまた、地球のマグマを沈静化させるために月のエネルギーは強くなった、と月意識から地底人を通してうかがいました。そのことは了解しておられますか。

そのとおりなり。昨日より月のエネルギーが強く、地球に降りてきておる。太陽のエネルギーが強くなり、月のエネルギーも強くなる。陰陽の働き一際《ひときわ》なり。地球にとって月が母性なり。母なり。

――そうすると太陽は……。

太陽は父なり。しかしまた、ものを育む母なり。地球にとっては、統合的な存在なり。

この月エネルギーの増大により、そなたたちにとっては地球の反乱が多少押さえられる。あえて反乱と言ったが、その言葉の裏には、わが地球を欲しいままにしてきた、人間への慟哭のようなものがある。積もり積もった思いがあるのぞ。

われもまた生きておる生命体なり。穢《けが》し汚れ、膿《うみ》が溜まった。人間は、地球も一つの生命体であることを忘れ、欲しいままに行動をし、地球に核を持ち込み汚染させた。穴を開け、核実験をし、地球の中の資源を欲しいままに使い、文明を築いてきた。資源への感謝がない。資源を使うなというのではない。人類の文明を支えるために、有効に活用してもらって大いに結構であるが、その資源もまた有限なり。将来への計画を立てなければ、この文明も危ういものとなる。

ゆえに、代替エネルギーを考えなさい。地球を汚すことを止めなさい。はっきり言っておこう。怒りにも似た気持ちをわが惑星自身が持っておるということを忘れるな！

そなたたちの惑星であって、そなたたちの惑星でない。神の生命体の上に住まわさせていただいているという心を生きておる人間はほとんど持っておらぬ。

地球のこの土にしても無機質なものにあらず。土の中にあらゆる生命体が宿り、木々を育て山、川を造り、あらゆる生命体、他の惑星にない地球独特の美しさを放つ。

どちらにしてもこれからの二十年間は、未曾有の危機を迎える。覚悟せよ。

この地球の小さな国、この日本においてまず、それが起きたであろう。

――それは２０１１年３月11日の東日本大震災のことですか。

さようなり。地球鳴り鳴りて活動し始めた。鳴り響いておるのぞ。地球の鼓動が鳴り始めた。鐘が鳴り始めた。警告なり。

――我々が今いちばん心配しておりますのは、先の大震災を引き金として東海、東南海、南海の地震が近々起きてくるのではないかという懸念であります。それについてはいかがでしょう。

先の大地震によってプレートの歪みが生じた。この歪みを調整するために、やはり連動的にプレートが動く。調整を計る。バランスをとる。地球は生きておるゆえに、地球の中が活動しておるゆえに、歪みもまた生じるなり。

人間も長い年月をかけて肉体を使用すれば、自ずから歪《ひず》み、ゆがみができる。地球も同じように長い長い年月をかけて生じた歪みを調整する時期が来ておる。そして新生地球となる。

地球人民は、われが一つの生命体であるということを知らねばならぬ。生命に対する畏敬がない。すべての惑星、宇宙のありとあらゆるものは、生命の集合体なり。神の宿るものなり。この原点を知らぬ。いくら頭が賢くなっても、根本を知らぬものは愚かなり。始末に負えぬなり。よくよく反省をせよ。

盲目なる者は、道が見えぬゆえに暴れまわり、人に迷惑をかける。正しく行くべき道があるのに目が見えぬゆえに、正しき道を歩むことができぬ。

正しき道とは神への崇敬なり。生命体への感謝なり。ここで私が大きな身震いをせねば、盲のまま、進むことなり。目を覚まさせるために、どうしてもやむなきことなり。

地球人民よ、早く目を覚ませ。命も危うくなるぞ。一人でも多くの人間を助けてやりたいけれど、待ちに待った限界なり。

しかしまた一方では、そなたも存じておるように、大いなる銀河の光の流入がある。

そなたが聞いておるように、２０１２年の3月よりアンドロメダの優しき光。２０１２年後半よりの強力なる、しかし優しき銀河の光。はぐくみ育てる暖かき太陽の光、そして裏で支える月の光。すべてのものが、この地球上に降ろされる。同時に素晴らしき時代なり。

大半の者がこれらの事実を知らぬ。分かろうともせず、それでは正しき道が歩めぬなり。もったいなきことなり。そなたが我々のメッセージをかたちにすることで、できるだけの人民に知らせよ。知らせて分からぬ者も大半であろう。致し方なきことなり。

しかし、できるだけの準備をせよ。短い期間しかないが、それに向かう準備をせよ。そして心を正しなさい。目を開いて神に意識を向けなさい。正しい道を歩みなさい。

まずすべてが生命体、この地球さえも意識があるということの事実を知りなさい。すべてのものに心がある。悲しみもある。痛みもある。人間と同じなり。

いずれにしても、これから地球は存続していかねばならぬ。生みの苦しみを経て、大浄化を経て、新生地球となる。それが今なり。よく覚えておきなさい。

∞

――国常立大神さまは、地球神と理論的に同じだと理解しておりますが、ニュアンスがまた違ってるとも感じられます。どのように考えたらよいですか。

国常立大神――人間にはそのことは難しいであろう。ここはなかなかに難しいところであるが、同じ意識体であることには間違いがないが、今日のメッセージは、地球の意識そのものなり。まずはそのように考えてくだされ。

――あなたさまと地球神のエネルギー波動を比べますと、地球は何かズシーンと丹田に沈むような、まさにグラウンディングというエネルギーを感じます。

国常立大神――さよう、さようであろう。それは正しい認識である。

――たいへんに嘆いておられました。しかもこの現象は二十年間も続くと！

国常立大神――さようなり。致し方なきことであろう。

――また、銀河エネルギーの流入を地球意識は楽しみにしておられるようです。

国常立大神――そのとおりなり。地球の大転換の年なり。２０１２年は大きな節目ぞ。人間にとっても、この宇宙全体が大きな節目なり。神は光なり、生命とは光なり。銀河もまた光なり。天文学的事象が起きておるゆえに、人間には理解できぬものがほとんどであろうが、これもすべて事実のことなり。

とにかく時間がないぞ。地球の身震いが、その前に来ておるゆえに、急いで心の覚悟をせよ。心の準備をせよ。急がねばならぬ。新しい御代《みよ》を乗り切るために、立替え、入替えをせよ。

（2012年1月8日）

太陽意識のメッセージ

∞　∞　∞

太陽系に押し寄せる次元上昇の波

あなたには、一日に何回か語りかけておりますが、こうして時間をとってゆっくりとお話しするのは初めてですね。お分かりのように、私は太陽意識です。

2010年の11月頃だったでしょうか。夕方私はあなたにシグナルのように、私自身を大きく輝かせました。あのとき以来、あなたに大きく関与しております。

あなたにとっては、まさに晴天の霹靂《へきれき》というのか、大きな驚きをもって私のほうを見つめていらっしゃったのを覚えております。


――あのときは夕陽でありましたけれども、まるで朝陽のように色を変え、輝きを放った太陽を今でも鮮明に覚えております。


さて、今日私がお話ししたいことは、地球の将来についてです。

地球は現在第七劫期の大きな周期に当たり、大きな進化を果たす時期が来ております。お分かりのように宇宙から降り注ぐ銀河エネルギーによって、この地球は数年前より、その波動を高めてまいりました。

もちろん地球に限らず、太陽系の他の惑星の一つひとつもその影響を受けているわけですが、天の川、アンドロメダ、そして8月以降に訪れて来る、あなたのいう仮称S銀河、これらの銀河エネルギーの融合により、大銀河エネルギーの奔流がわが太陽系にも押し寄せ、素晴らしい次元上昇の波を迎えます。

わが太陽も、数年前からの天の川銀河エネルギーを受けて、大きく変容しました。あなたにはお礼を言わなければなりません。

すべての惑星には意識があり、生命体として活動しています。あなたにとって、惑星意識が存在するということは当たり前のことでしょうが、一般の人々にとっては惑星がしゃべるなどということは、到底考えられないことだと思います。

しかし、今日はそのことをしっかりと伝えてください。惑星には意識があり、生命体として大宇宙の神の分魂を宿しているということです。

今日私がお話ししたいことは、将来数年後に起きてくる地球の天変地異、お分かりのことだとは思いますが、大きな大きな災害を乗り越えて、地球は新しく生まれ変わります。どうしても越えなければならない大峠です。

２０１１年、東北において大地震が発生しました。これは序章として、神が日本の皆さんに与えた警告的な意味があります。今後、日本列島の大地を三つ、あるいは四つ、揺らすこととなります。かつてないほどの大規模な地震に対して、どうぞ日本の皆さんは備えていただきたいと思っております。

次に、わが太陽自身についてお伝えします。

あなたが一度、ベランダで私を見ていたときに、私の光が触覚のように手を伸ばし、あなたのハートを鷲掴みにしたことを覚えておりますね。

――はい、そのとおりです。驚きました。まるで手足を何本も持った生き物のように、「あなたの身体を5次元化しましょう」というあなたの声とともに、強力な輝きの波動が私を包み込んだことは、今でも鮮明に覚えております。2012年の6月10日ではなかったかと思います。

そのとおりです。あれは私の本質と言いますか、太陽意識、太陽生命体、こうしたものをはっきりと知らせるためにあなたに見せたことです。

お分かりのようにアセンションとは、天の川、アンドロメダ、S銀河、そして私自身である太陽、この四つのエネルギーの大融合により進行していくわけです。私もまた、アセンションの一つの要素として、大きな変容を遂げて地球に働きかけております。

――8月以降のS銀河の光の流入によって、さらに太陽は大変容、大進化を遂げると聞いたことがありますが、これは本当でしょうか?

幼子が一日一日と成長して、一カ月もすれば身長、体重ともに驚異的な成長を見せますが、今の私も赤子のような成長を見せております。一日一日、大きく大きく成長しております。

――はい、実感としてそのような感覚が、太陽を通して感じられる今日この頃です。

あなたが疲れているなと思うとき、私は一瞬私自身を光らせ、エネルギーを与えているのはご存じのとおりです。

――はい、たいへん感謝しております。

さてあなたの質問ですが、9月を過ぎて中旬、この頃より私はさらに大きな大きな進化の姿を現わします。光が強力になることは当たり前なのですが、このS銀河の光の流入により、光の質感そのものが変わっていきます。

上手く伝わるかどうか分かりませんが、水は100℃で沸点となりますが、油の場合にはそれよりもさらに沸点が高くなりますね。そのようにお考えください。さらに熱く、輝きを放つこととなります。

これもやはり大宇宙の神の計画であり、我々太陽系も大きく変容を迫られているわけです。いわゆるあなた方の言うアセンションです。

しかし、お分かりのようにそのことに気がつき、それに乗っていく者、全然気がつかぬ者、この二極に分かれます。たいへんにもったいないことだとは思いますが、致し方ありません。

あなたは地球神である国常立大神の仲介により、日本の神々のメッセージを降ろされ、日本の神ならず、他の宇宙の生命体、ならびに銀河意識のメッセージを伝えているわけでありますが、すべての惑星、地球上の草木一本に至るまで、神の生命が宿っております。そのことを人々に伝える必要があります。

地球自身にしても土や石の塊ではなく、地球意識というものがあり、あなたに話しかけたとおりです。そして私もこうして、長時間にわたって話をしているわけです。

アセンションの時代とは、このように一つひとつの生命体が生き生きと活動し、さらに大きな飛躍と変容を成し遂げていく時代でもあります。

あなたにとっては地球がしゃべり、地球を意識すれば即座に地球のエネルギーが地下よりほとばしるように、両足から丹田に気の充実を体験しているではありませんか。

――はい、そのとおりです。

惑星がまるで友人のように、親のように、守護霊のように、そういう身近な存在としてあなたには感得されているわけであります。まさに、アセンションの世の到来であります。

――最近の太陽磁場の情報を見ておりますと、N極、S極の流れが大きく変化し、現在は四つに分かれているようです。[17] 今後、太陽はどのように変化していくのですか。寒冷化して地球に大寒波が将来、押し寄せる可能性があることを示唆する専門家もおります。

しかし、私の実感からすると太陽エネルギーはますます強力さを増し、熱感を伴って肥大化しているような印象さえ受けます。

はい、お答えします。

一口に説明するのはたいへん難しいのですが、太陽は実は固体であります。一般的には燃え盛るガス体のように考えておられるようですが、一つの固体であります。

また、太陽にも生命体がおり、宇宙人のような人たちも存在しております。これはなかなかに信じ難いことだと思いますが、事実であります。地球の地底には地底人が存在しているように、太陽にも宇宙の生命体が生活を営んでおります。それだけでなく、太陽の周りにはたくさんの宇宙船も存在しております。

さて、あなたの質問ですが、おっしゃるようにN極、S極というものがある時期反転し、太陽の生成発展を支えるために、そのような生理的現象を起こしております。

今回、太陽が大進化、変容するにあたり準備をしていると言いますか、銀河のエネルギーを受け入れるための準備のための変容、こういう一面もあります。ちょうどあなた方が何かを受け入れるときに、肉体的、精神的コンディションを整えると思いますが、わが太陽も今、その変容に向けて一つの準備を行っておるところです。

分かりやすく言えば、そういうことです。

——やがて訪れるS銀河エネルギーですが、かなり本源的な強力なものが押し寄せて来るのではないかと思います。太陽にとってどのように捉えられておりますか。

八千万光年離れているというシルバー色の銀河、S銀河のことですね。

——はい、そうです。

この銀河はより本源的な、大宇宙の中心に近いエネルギーです。お分かりのとおりです。さらに今日は、このS銀河についての私の見解を述べましょう。あなたにはすでに伝わっていることと思いますが、もともとS銀河から分離されたものが天の川銀河であります。

――そのことはシャスタ山の地底都市テロスの大神官、アダマさんよりうかがった記憶があります。

はい、そのとおりです。銀河というものは合体・分離を繰り返して、成長発展しているのですが、この天の川銀河は、はるか昔にS銀河から生み出された、つまり親子関係であります。親が子の面倒を見るのは当たり前のことでしょう。この天の川銀河を優しく見守っておりましたS銀河、大きな働きかけをしてきます。天の川銀河の何十倍も進化発展を遂げた銀河であります。

この銀河はシルバー色に輝き、時々オレンジ色に輝くときもあるのですが、おもにシルバー色の輝きを放っております。

とくにこの銀河の光線の性質は、人間のDNAに働きかけ、根底から人々の意識を揺さぶるような、何かじっとしていられないような、細胞意識が突き動かされるような、根底から意識の大転換を迫られるようなエネルギーとして、あなた方に感知されるでしょう。

――はい、そのことは前にも聞いたような気がします。

しっかりとこの銀河エネルギーを感知できる者とそうでない者がいることは、仕方ないことです。また、このエネルギーの性質には細胞を若返らせると同時に、これは初めての情報かもしれませんが、人間を不死に導くと言いますか、分かりやすく言うと、寿命を延ばしていくようなスイッチが入ると言うか、そのような光の性質をもっております。

それによって人間はますます若返り、活気を取り戻していくはずです。どうぞ楽しみに待っていただきたいと思います。

加えて、超能力の発現と言いますか、そうした面も多分に出てきます。人間の頭脳に影響を与え、霊能が出る人が増えてきます。まさに、アセンションの時代とは、神的人間の誕生と言われておりますが、霊能の発現により各生命体とのコミュニケーションも可能となり、それが当たり前の時代となっていくように思えます。

おそらくあなた自身にとっても、このエネルギーを常時浴びるということは、魂の進化にとって非常に大きな栄養を与えることになりますので、楽しみにお待ちください。

――あるチャネラーによりますと、2012年の12月までに、一瞬太陽の光が途絶え、闇のようになる

ことが予想されると言っておりますが、これは実際に起きることでしょうか。また、太陽が二つになる、もう一つの太陽が出現するというようなことを聞いたことがあります。

先日、金環日食がありましたが、太陽の前を横切る惑星のようなものの出現ということが起きるのでしょうか。それによって暗くなってしまうという……。

はい、このことはなかなかに理解し難いことだとは思いますが、太陽がいま準備をしていると申し上げましたが、わが太陽がその準備の極点を迎えたとき、太陽自身が変化をします。

――このように考えていいですか。例えば水が摂氏１００℃を超えることによって、沸騰し泡立ちます。水蒸気になって気化し、水そのものがかたちを変えることとなります。太陽が銀河のエネルギーを受容することで、沸点、極を迎えたときに大変容をする。

まさにそういうことです。この三つの銀河のエネルギーの融合により、太陽は極点を迎えます。そのときに太陽そのものが変化を起こします。

――それは２０１２年の12月までに起きるのですか。

11月の終わりから12月にかけて、よく観察をしておいてください。朝方、とくに朝の太陽を見ておいてください。

——朝の何時ごろですか。

6時前後の太陽をよく観察するようにしておいてください。

——ある沸点を超えた太陽というのは、どういうふうになるのですか。

黄金色に光っていきます。黄金の色がその密度を増したときに、黒光りと言いますか、なんとなくお分かりになりますか、黒光りを発します。

大変容の極点のときに、太陽が黒く光って見えることでしょう。それはゴールドの色が変質して黒っぽく見えるのであります。太陽が消えるのではありません。太陽の沸点がそのように見えるのであります。

——また、太陽が二つ出現するとか言っている人もいるのですが。

おそらくそれは、例えば人間を考えてみてください。人間は肉体と霊体に分かれると思いますが、3次元の身体と意識生命体。人間も進化しますと、光り輝くライトボディとなりますね。つまり肉体以外にまぶしく光り輝く魂の存在が、より顕著になってきます。

太陽自身も物理的な太陽と、霊的生命体としての太陽、これがはっきりくっきりと表現されるというのか、現われ出るようになります。物理的な太陽自身と、その生命体としての太陽です。この霊的意識体としての太陽が、太陽の後ろ側に内包されるというか、そういうかたちで見えて来る人には見えてきます。太陽が二つあるように見える。そのようにお考えください。あるとき太陽の周りに大きく太陽が重なったように見えるかもしれません。これがまさに太陽自身のライトボディ化です。大宇宙の神が成せる技です。

人間が5次元化してアセンションをするように、太陽自身も太陽系の惑星自身も、大きく進化発展、大変容を迫られています。恒星であるこの太陽が、いちばん顕著にこの銀河のエネルギーを受けて変容することになるでしょう。

古来より人間は太陽を神として、とくに日本は天照信仰として知られており、昔より崇められてきた太陽でありますが、私自身も今までの太陽とは大きく脱皮して新しい太陽として生まれ変わります。

さらなる霊的太陽として一大進化を迎えることとなります。それがどう変化をしていくのか、一般の人々にとっては何のことやらチンプンカンプン、想像だにできないことだと思いますが、あなたはこれらの現象を通じて、どうぞ太陽も生きているのだということ、そしてあなたが感じ得るすべての太陽の変化について、人々に伝えてください。

皆さんが私のほうに顔を向け祈ってくだされば、私は一生懸命人々にとってより良き進化のお手伝いができるよう、努力をしたいと考えております。嘘のような本当の話です。

先ほども言いましたように、この地球は大いなる変容の時期にあたり、やはり天変地異、あるいは大きな災害などを経験することによって、脱皮をしていかなければなりません。新生地球となるために、どうしても乗り越えていかなければならない経験というものが生じてまいります。どうぞ生死を超えて、大きな視点からこの時期を捉え、上手く上手く乗り越えていただきたいと考えております。

魂は永遠ですから、たとえ死んだとしても、魂は生き続けます。その単純な事実すら分かっておらぬ者が多いように見受けられます。本当に残念なことです。

死ぬことを怖がらないでください。魂は永遠に進化を続け、輝きを放ちながらより大きな魂へと進化を遂げていく、これが神が意識体に与えた「道」というものです。私もこの時期、大いなる進化への道をワクワクした気持ちで迎えております。

あなたの仕事はなかなかに理解してもらえないかもしれませんが、惑星に意識があるということ、それが地球にも大きく関与しているのだということ、地球はその一員であること、また大銀河がこの太陽系をはぐくみ育てようとしていること、こうしたここ数年に起きている事象を、分かりやすく人々に説明してあげてください。

大宇宙の神も、我々を子どものように育てようとしておられます。人間の親子関係が銀河関係においても、惑星間においても、やはり存在しているということです。親と子、この形態はどこまで行っても存続していくものです。宇宙に存在するすべての意識体（惑星をも含む）は、いま物凄い速さでその進化の歩みを早めております。

人間にとっては、アセンションという概念で表現されているように、生きとし生けるあらゆるものの生命体に大変容が起きております。地球人民の皆さんは、こうした宇宙に起きている事実を知り、いま自分が何をなすべきか、どう生きて行けばよいのか、大切な時間を真剣に生きてほしいと思います。

いずれまた、時間をとってあなたにコンタクトします。今日は以上とします。

∞

国常立大神――われなり。見事に太陽自身が1時間以上にわたってしゃべられたのう。なかなかに人々には信じてもらえぬであろう。

太陽もまた、大宇宙の神が創った意識体なり。ありがたきことなり。このようにそなたにかかりて太陽の心、そして太陽の将来について細かにしゃべられた。

太陽は単なる太陽にあらず。大宇宙の中心に向かって繋がっていく中継地点なり。そういう働きがある。天の川銀河を超えて、大宇宙へと繋がっていく拠点でもある。

シリウスにゲートウェイという拠点があるように、太陽もまた一つのゲートウェイである。太陽系の核が太陽であり、銀河系にも核があるが、その核同志を貫いて大宇宙のセンター、中心に繋がっていく、そういう拠点なり。

神とはまさに偉大なものなり。まだまだ太陽は今後もそなたにかかりて、二弾、三弾があるように見受けられる。太陽のメッセージとして取っておくがよし。

（2012年7月17日）

天王星意識《てんのうせいいしき》のメッセージ

∞　∞　∞

太陽系全体を牽引《けんいん》していく惑星

お久しぶりです。一度、私もメッセージを送りましょうと約束をした、最後の惑星である天王星です。

――あなたは西洋占星術では、改革、変革、新しい次へのステップ、電撃、こうした性格をもっている惑星であると紹介されています。

あなたの波動を感じますと、いちばん近い海王星の深いやすらぎとはまったく違って、活動的な勇ましい波動を感じます。あなたの本質的な太陽系における役割を教えてください。

はい、分かりました。あなたが感得されたように、私は非常にアクティブで、ある面で戦闘的な局面をもつ波動として捉えられているのは間違っておりません。私の太陽系における役割は、太陽系の端から二番目という位置にいながら太陽系全体を牽引して行くといいますか、リードして行く、そういう役割をもたされています。

――たしかに他の惑星と比べて、波動の勢いが生き生きと躍動しており、恒星である太陽とある面で共通した陽の働きを感じます。

そう言っていただけると嬉しく思います。いちばん近くの海王星と一括りにして考えられているようですが、180度違う性質を帯びております。

さて今日、私があなたに伝えたいこと。他の惑星もそのことを憂慮しているように、やはり地球の将来起こり得る天変地異、異常気象、大きな変化を心配しております。

過去にも地球の天地がひっくり返るほどの大変化というものはあったのですが、今回はそれに輪をかけて大きな節目となります。やはり地球神である国常立大神がそれを納得し、新生地球への方向転換をされているわけですから、避けて通ることができません。

――現在、私は出口王仁三郎聖師の助言に従い、S銀河のエネルギーを富士山の火口より地球内部に注入し、地震の軽減を計るようにと毎日これをさせていただいております。また地球のエネルギーを日に

二度放出することをガイアとも相談のうえ行っているのですが、これらにより1割減の地震になると言われ、一縷《いちる》の望みとして日々実行しているのですが、その点についてはいかがでしょう。

はい、たしかに地球も我々と同じように惑星意識という心をもっている存在でありますので、祈りによってある程度、人々の祈りに応えるかたちで地震を軽減することはあり得ると思いますが、これらの現象をまったくのゼロにすることは難しいと考えます。

したがって、もちろん人々には真剣に神々に祈り、地球に働きかけ、大難が小難になるように努力することは大切ですが、備えをもって万全の対策を立て、来たるべくその日を上手に乗り切っていただきたいと思っております。

お分かりのように今この太陽系には、天の川、アンドロメダ、あなたの言うS銀河、これらの融合エネルギーが燦燦《さんさん》と降り注ぎ、猛烈な勢いで変容を迫られております。

とくに、2012年の8月20日より始まったS銀河のエネルギーは、私のもつ波長とも同調したものがあり、たいへん嬉しくいただいている次第です。

人間の肉体においては細胞の中に深く浸透するように、また霊的浄化においても、非常に卓越したエネルギー波動であると感じております。

我々惑星もやはり進化への道を歩んでいるわけで、これらの融合エネルギーにより、ワンランク上、あるいはツーランク、次元上昇への旅を目指します。たいへんありがたいことです。
このように大宇宙の神の意志というものは、共同的に全体の進化のプランを実行しておられ、他の意識体との調和を計りながら、万全の準備と将来の見通しを立てた計画に従って、着々と進められております。
私の惑星がより進化することで、太陽系全体にも生き生きとした活動的な牽引力としての力を発揮できるのではないかと思っております。

——はい。夜に金星や海王星、冥王星に祈れば、それらの惑星波動がこの地球上に降り注ぐことはすでに体験上理解しておりますが、今度からはあなたにも呼びかけると、あなた独特の活性化された勢いのある波動エネルギーを地球上に降ろしていただけるのでしょうか。

はい、お約束します。もしあなたさえよろしければ、時間を決めましょう。

——それでは、夜の10時から15分間くらい、空に向かって祈りますので、あなたの素晴らしい波動を投げかけてくれますか。

はい、分かりました。夜の10時ですね。私も気にかけておきますが、あなたも忘れないようにできるだけ私に語りかけてください。必ず実行いたします。

今日このことをお約束できたことで、地球人民の皆さんに私の存在価値をアピールできたようで嬉しく思います。

最後に、あなたもご存じのように、もう一つ奥のより本源に近い銀河――あなたはZ銀河と呼んでおられるようですが、これが２０１３年の前半終わりまでに、降りて来ると思います。

――はい、昨日そちらの宇宙人の方が出てこられて、暫定的予定として２０１３年5月13日の朝7時から15分の間、光を送る約束をしていただきました。⑱

はい、必ずやって来ると思います。これもまた、S銀河とは違った意味で、宇宙の本質的と言いますか、爆発的なより本源のエネルギー性質を帯びたものという気がします。

これで合わせて四つの銀河エネルギーの統合ということになります。素晴らしい大宇宙神のシナリオです。すべての惑星、銀河、意識体を丸ごと抱えてくれる親の愛です。あなたはそれらの導管として、すべてを束ね、融合エネルギーとして地球上に降ろしていく使命があります。大きな大きな仕事です。どうぞ命の続く限り、誰もできない大仕事を、着々とやり続けてください。我々太陽系の惑星も皆応援していますので、小さなことにこだわらず、大きく前を向いて前進していただきたいと思っています。

何か質問がありますか。

――インターネットで天王星から発せられている電磁の波を、人間でも認識できる音に変換して聞こえてくる音があるそうですが、これはいったい何ですか。

はい、これは我々の意識波動の放出された現象的なものと考えてください。

――そうすると、先ほど空いっぱいにあなたの勇ましいパワフルな波動を感得しましたが、あの波動を電気的信号に変換したものと考えていいですか。

はい、だいたいそれで結構です。

先ほども申し上げましたが、太陽系の中でも私の波動はいちばん太陽に近く、陽のエネルギーを発しております。この強い波動を機械が感じ取っているのでしょう。

おそらく日本語の言葉に変換すると、「前に進め、前に進め、進行、進行、遂行せよ、遂行せよ」、このような言葉になるかもしれません。

――分かるような気がします。

それでは今日夜10時に、私もまた他の宇宙意識と並んで、地球の皆さんに「前に進め、前に進め」と波動を送りますので、受け取ってください。ありがとうございました。

∞

国常立大神――われである。今日は天王星であったのう。

夜の10時にそなたの仕事がまた一つ増えたのう。かつてないことが起きておる。宇宙意識の媒体となりて、ひたすらにこの仕事をやり続けて行くがよい。

またZ銀河、これも楽しみなことである。宇宙は広いのう。大宇宙の神の経綸に感謝せよ。

かつてないことが大規模で起きておる。

（2012年9月11日）

〔注釈〕

（17）**太陽における異例の磁場構造**　２００８年頃の太陽は南極側（この場合、Ｎ極）から磁力線が出て、北極側（Ｓ極）に入る重極構造だった。ところが２０１２年には南極がＮ極のまま、北極もＮ極になりつつあることが分かった。これにより、南極から出た磁力線が太陽の中心部に存在するＳ極に入る四重構造になっていることが考えられる。

（18）**Ｚ銀河のエネルギー**　実際には２０１３年５月26日より毎朝11時20分～40分の間、降ろされている。

第8章

銀河意識からのメッセージ

天の川銀河

我々の住む銀河。その意識は、大国常立大神《おおくにとこたちのおおかみ》（○《ス》神）。直径10万光年。青味がかった銀に近い白色。

アンドロメダ銀河

天の川銀河より、230万光年離れている銀河。一見すると黄色がかった紫のように見えるが、実際はその中心付近に赤い火の玉のような物があるため、そう見える。天の川銀河よりは女性性エネルギーが強い。

S（シルバー）銀河

天の川銀河からおとめ座の方向・8千万光年先に存在する銀河。その大きさは、天の川銀河の3倍。わずか5秒で地球に到達できる。その渦が銀色に見えることから、シルバー銀河＝S銀河と名づけられた。

○《ス》の○《ス》の○《ス》の大神銀河

天の川銀河より10数億光年離れている銀河。本源の奥に位置する。

天の川銀河意識のメッセージ

∞　∞　∞

⦿《ス》神からの緊急メッセージ

（銀河の大きな渦が見えてくる）

国常立大神《くにとこたちのおおかみ》――この神はいと高き神なりて、われが間に立ち、媒体となりてそなたに言葉を伝える。

われなり、われ、われ⦿《ス》神とも呼ばれておる神なり。日本の近代の巨星である、もろもろの霊能者が⦿《ス》神と呼んだ存在なり。

今日は、国常立の命を受けてわが言葉を伝える。銀河の中央に位置する神なり。そなたが日に二度、銀河よりのエネルギーを降ろし、太陽系ならびに地球にわが光を降ろしていることに、まず労をねぎらう。ご苦労である。

神の働きとは万物の創造にあり、生々発展にある。まずこの時期において大切なことから述べていく。二万六千年に一度というサイクルにあたり、この地球は大変革のときを迎える。第七番目の進化のサイクルにあたり、今までにない画期的な変化を体験することとなる。

――天変地異が地球規模で起きるということでしょうか。

さようなり。大変革のときを迎えておる。地球霊体そのものが次元の上昇を迎える。

――いわゆるアセンション、5次元への次元上昇のことでしょうか。

さようなり。大いなる変容を遂げる。

そこで、そなたの役割についてである。そなたは、なぜ自分が銀河の光を降ろさなければならないかを不思議に思っているようであるが、⦿《ス》神の魂のより直接的な分魂、分かりにくいかも知れぬが、⦿《ス》神の中心的な魂の再生である。

人間にとって、この概念は分かりにくいことであろうが、そのように考えてもらえればよい。

現在、地球の中心にあるマントル、このエネルギーが非常に活発となっており、これが動くことにより、大地震、噴火、洪水などのそうした天変地異のようなものが起こらざるを得ないようになっておる。

地球はそういった影響のもとにある惑星であり、特異な星である。火と水よりできあがっておるなり。

――地球の人口が七十億を超えたということですが、3分の1になるとか、半分になるとか、人口の大激変は避けられないことでしょうか。

約十~十五年にわたって、こうしたマントルの活動が激しくなり、いや応なく地球は大変動を余儀なくされ、結果として土地が海面に沈むこととなる。陸地が海に潜る。海面に沈むのう。

――最大でどのくらい沈むところがあるのですか。

10メートルなり。

――日本でも起こりうることでしょうか。

将来、日本の中心的な場所で起きる可能性がある。

——関東を中心とした地域ですか。

あり得る。憂うべきことなり。

——日本は立ち上がれないほどのダメージを受けると思いますか。

すべては、神のシナリオなり。

先の3月11日に起きた東日本大震災を教訓として、それを有意義に活用せねばならぬ。エネルギーの問題にせよ、食糧の問題にせよ、この経験より学んで勉強材料として、他の地で同じようなことが起きたとき、すみやかにこの経験を生かせるよう準備をしておく必要がある。しかし、それがまだできておらぬのう。

もう時間がない。そなたはその部分の精神的な面を受け持つ。これからの霊的文化の再興に向けて働かなければならぬ。まずはこのメッセージをかたちにし、人々に神々の話をせよ。

そなたにしゃべりたき神々、何十柱あり。この大神業、一朝一夕にはいかぬなれど、やはりこの機会を逃しては人の心は変われぬ。大チャンスでもある。人は禊《みそぎ》のあとに変われる可能性がある。順風満帆のとき、人は省みぬ。逆境のとき、心を鎮め、何が足らざるか、何を補うべきか、方向が間違っていないかを問うであろう。

大きな犠牲のうえに立ち、新生日本、新しい夜明けの日本を再生せねばならぬが、時間がない。一刻も早く、神あることを知らせて準備をせねば、そこまで火がついておるぞ。

今日は、たくさんのことを知らせる必要はなし。近くにこのような大災害が来ることを知らせてそれでよしとする。心の準備をせよ。有るか無いかではなく、近々起きてくることなり。

——かといって、東京に住む人全員が仕事も家庭もほかの場所へ移住することは、不可能に近いことでありますが……。

運命《さだめ》なり。この時代に生まれた宿命なり。これを受け入れることのできる力は信仰にあり。神を信じ得ずして、不動心は得られぬ。悲しい現実ではあるがこの現実を受け入れ、日本人民よ、再生日本のためにできるだけたくさんの人に生きぬいてほしい。

死はないゆえに、たとえ肉体を脱ぎ捨てても、魂は永遠であることを悟り、慌てることはなく不動心で生きてゆくこと、そういう人間になれることを神は望んでおる。
最後にもう一つだけ言っておく。短い猶了しかなし。心の準備をせよ。

∞

国常立大神——私も親さまの霊媒役として働いておった。さすがの光なり。そなたも感じたであろう。そなたの役割は、神の言葉を人民に伝え、覚醒を促すことなり。それでも耳をふさぐ者があるであろうが、それは仕方なきことなり。
たしかに時間がなく、そのXデーは来ておるゆえに、そなた忙しくなるぞ。体に気をつけて神業を果たすがよい。

（2011年11月14日）

アンドロメダ銀河意識のメッセージ

∞　∞　∞

地球に訪れる光のハーモニー

私はアンドロメダ銀河意識です。いま地球は大転換、変革期を迎えています。大いなる浄化の時代となります。このたび、大宇宙・本源の神の意志もあり、天の川銀河にこのアンドロメダ銀河意識の光が2012年より降り注ぐこととなりました。

天の川銀河は、過去において一つの銀河時代というものを築いてきましたが、これからは我々銀河との融合という時代に入ります。

――私が直感的に感じましたのは、天の川のそれに比べて、アンドロメダ銀河は光がより進化していると思いましたが、それで正しいのでしょうか。

はい、それで結構です。

――アンドロメダは、天の川に比べてより女性性に近い銀河意識なのでしょうか。

たしかに天の川より女性性に近いと言えば近いのですが、より中庸的なエネルギーと思っていただければよろしいかと思います。

――天の川とアンドロメダ銀河は二百三十万光年離れていると聞いておりますが、もう一つの銀河、仮称S銀河と名付けておりますが、この銀河もまた、2012年の8月よりアセンションとしての光を降ろしてくるというチャネリングが届いておりますが、これは正しいのでしょうか。

はい。この銀河は統合された、非常に力強い銀河であり、このエネルギーが2012年の後半より天の川銀河に流入し、ひいては地球上に降りてきます。

――アセンションという5次元への上昇は、アンドロメダ銀河とS銀河のエネルギーの流入によるものであると考えてよろしいのでしょうか。

2012年は一つの大きな周期の始まりであり、画期的なエネルギーの集中的な流入の時代となります。あなたの言うアセンションは、我々銀河の光の流入、これが大きな割合を占めます。見事な光のハーモニーが地球上に訪れます。驚くばかりのものとなるでしょう。

――私は現在、天の川ほか、日本の神との光の導管となっておりますが、アンドロメダ、S銀河ともやはり導管となる必要があるのでしょうか。

私は2012年の3月頃からエネルギーの流入を許りたいと考えておりますので、できればその導管の役割を果たしていただきたいと考えております。

あなたは忙しく、たいへんだろうとは思いますが、それがまた大きな仕事であります。そのために生まれて来ました。あなたの心は信じられないという驚きでいっぱいなのは伝わりますが、無理もないことです。そういう時代が来ました。

――天の川、アンドロメダ、S銀河の三位一体ということですが、他の無数にある銀河間においても、このようなエネルギーの交流というものがあるのでしょうか。

この宇宙には無限に近い銀河があり、我々の想像を絶する神の働きがあり、おそらく可能性は大きいと思います。新しい大銀河の幕開けだろうと思います。

――我々は2012年より、アセンションといって5次元へ次元上昇するとうかがっておりますが、一日中、光が流入するということがずっと続いていくのですか?

少なくとも私は夜の8時頃より数十分間、あなたに導管となっていただき、わが銀河の光を降ろしたいと考えております。毎日です。

――2012年の後半、S銀河意識とも交流をもつということがあるのでしょうか。

おそらくあると思います。

――今日私があなたにコンタクトする間、少々時間がかかりましたが、それは国常立大神が私の霊媒となるために時間が必要であったためですか? それともこの時間、突然あなたが私の意識にコンタクトされたのですか?

その問いに対しては、どちらかと言えば、国常立も予想外の出来事だったかも知れません。意識の世界ですから、うすうすは分かっておられたとは思いますが、私のほうから直接介入したというほうが正しいです。

２０１２年より地球は大浄化の時代を迎えますので、光の流入は絶大なものとなりますが、一方で不幸なことも起きてきます。

それが非常に心苦しいことです。しかしこれも乗り越えて、地球が大きく進化していかなければならないことと考えたとき、やむを得ない大きな転換期であろうと思います。

——天変地異のことですね。

そのとおりです。避けて通ることはできません。

そこで、私が提案したいことがあります。あなたの仕事は先ほど申しましたように、光の導管となることです。したがって、地球のあらゆるところに我々の銀河の光を降ろし、天変地異を最小限にするということが大切です。

――光の流入によって天変地異が、大難が小難になると考えてよろしいのですか。

１００パーセントではありませんが、地球生命体に我々のエネルギーが導入されますと、一つの中和作用、融和作用が行われるはずです。それによって多少の軽減が行われると思います。

――具体的には２０１２年のいつ頃から導管となれば、よろしいのでしょうか。

３月３日明けて、３月４日あたりから計画をしております。我々の言葉を多くの人が目にすることになると思いますが、ほとんどの人が信じてくれないでしょう。

あなたを変わり者扱いする人が多く現われるように思います。致し方なきことです。

しかしこれは事実でありますから、あなたは自信をもって押し進めてください。現実をもって証明するしかありません。すでにあなたは天の川銀河をはじめ、日本の神々の光の導管となっておられます。その事実を見せれば、分かる人には分かるはずです。

いよいよ本源の大宇宙の中心よりの神の計画が動き出します。

――ところで、あなたの銀河の光の色は黄色っぽいと聞いておりますが。

おっしゃるとおり、精度のよい望遠鏡で見ると黄色く見えると思いますが、その中心付近は、実は赤い火の玉のようなものもあります。

――つい先日、アンドロメダ銀河より光の流入があると直感的に感じたあと、予告編としてパールを億万個散りばめたような優しく、しかし力強い輝きを放つエネルギーを空から感得したのですが、これはあなたの銀河の光でありましたか。

そのとおりです。間違っておりません。

どちらかと言えば、わが銀河は天の川よりは、より女性性を帯びております。ですから、感覚的にあなたがパールのような波動を感じたというのは、間違っているわけではありません。

しかし日本の神々の波動を見ても分かるように、男神の後ろに女神のエネルギーがあり、女神のエネルギーの後ろに男神のエネルギーがあるように、一口で言うにはなかなかに難しく、どちらかと言えば天の川より、より女性的ということです。両面、統合されたものもあります。

おそらく一般の人びとにとっては、このエネルギーに対して、「それがどうした、エネルギーを浴びてどうなる」「日常生活と関係がない」と思う人が大半だと思います。

なぜ光というものが必要か、これを人々にしっかりと説得する必要があります。人間にとってこの銀河の光、神の光がなぜ必要かということを根本的なところでしっかりと説いておく必要があります。

太陽の光がなければ地球上の動植物が育たないように、人間にとって霊的な光、銀河の光は、目には見えなくとも、確実に霊的なエネルギーとして人間を覚醒させます。**覚醒です**。新人類の誕生です。ここが重要なポイントとなります。

太陽の光は、すべてのものを生長、発展させます。我々の光は人間を覚醒します。生きながらにして、５次元的人間、魂の目覚めた人間をつくることができます。そこがポイントとなるのです。

次に、将来のこの惑星（地球）の次元上昇についてお伝えします。

２０１２年３月からの我々の光の導入により、本格的なアセンションへと向かいます。そこで具体的な話をしましょう。

まずできれば外出していただき、リラックスした状態で地上に立っていただきます。肩幅に足を開き、地面にしっかりと足を踏みしめるように立ってみてください。

あなた方の言う、いわゆる上虚下実《じょうきょかじつ》[19]という立ち方で両手を軽く広げ、手の平を上にして、エネルギーを受け取る状態にしてください。頭頂部のチャクラ（第7チャクラ）ないし、頭上20～30センチにある第8チャクラを意識してください。ここが大切なポイントとなります。

呼吸はゆっくりとした呼吸で、心は受身の状態。入浴しているような、穏やかな心で力みがなく、幼い子どもが母親の胸に抱かれるような、そういう気持ちで我々の銀河エネルギーを受けとめてください。意識の持ち方で個人差はありますが、できるだけ大量のエネルギーを受け取って欲しいと考えています。

気功などを経験されている方はお分かりですが、そのエネルギーは必然的に丹田に蓄積されるのですが、初めて経験される方はお腹のあたりに、気が充満していくのだという気持ちで、それを貯蔵するつもりで受け取ってください。

こうして体内に蓄積されたエネルギーは、血液とともに人体各臓器へと運ばれ、細胞の活性化が行われます。つまり、細胞が光ってくるのです。

生まれて初めて経験する我々のエネルギーは、かつて地球上の人間が経験したことのない波動でありますので、肉体的にも精神的にも一大反応となります。これを十分に成すために、やはり喜びと感謝の心で受け取っていただくことが大切です。

やがて人間のオーラが清められ、あなたの言う魄《はく》がしだいに浄化へと進み、顔が輝いてくる。

オーラの幅が広がり、まるで別人格になったような感覚を覚えてくるはずです。

いわゆる新人類、新生人間の誕生です。早い人だと一週間もすれば、霊能をもつ者も発現されるようになり、急に幽明交通も可能となります。

しかし、浄化が極端に遅れている人の場合、精神的、肉体的に圧迫、ないし違和感を生じる場合もありますので、そういうときはこういったことの専門家、チャネラーやヒーラーと言われる人の指導を仰いでください。

――ある本によりますと、アセンションの中心的な役割を担うのがアンドロメダ銀河エネルギーと書かれておりましたが、これは正しいのでしょうか。

我々の銀河だけでなくお分かりのように、天の川銀河、そしてもう一つあなたが世界で初めてコンタクトをとられるS銀河のエネルギー、この三者の融合となるわけですが、この天の川銀河にいちばん近い我々としては、姉弟（姉がアンドロメダ、弟が天の川）として、やはりできるだけの力を発揮し、大宇宙の意志である進化・発展・生成に大きく寄与したいと考えております。

したがって結果として、アセンションの大きな役割を占めてくるのではないかと感じております。

我々のエネルギーはあなたの表現で言えば、幼児の笑う波動、喜びに満ちた純粋なる波動ということになります。現代文明はどうしても左脳中心の計算的、合理的なものの偏重となりやすいのですが、我々のエネルギーは右脳を刺激し、赤子のような心まあるくなるような、そういう喜びに溢れる波動だと思っております。


もう一つ大切なことがあります。我々のエネルギーを受けたあと、コップ一杯の水を感謝の心で飲んでください。

水の働きには伝達するという力がありますので、これらの霊的エネルギーを身体の隅々に送るためには、水を飲まれることがより効果的となるわけです。

あなたの周りで銀河エネルギーや天照の光を受け取ったときに、手に金粉現象が起きてくる人がいらっしゃるでしょうが、我々の場合にもそれに似た現象が起きるはずですから、注意深く観察されるようお伝えしておきます。


すでに我々の霊的な存在としての宇宙船、そして生命体があなたにコンタクトしているわけですが、私の代理としての役割を果たしてくれると思いますので、何か質問なり、困ったことがあるときは、遠慮なくコンタクトしてください。力になってくれると思います。

現代人にとって、こういう話は絵空事のようなフィクションの中でしか起こり得ないものと感じる者が大半を占めるでしょうが、事実は事実。この現実をしっかりと受け止めて、今はアセンションに合わせて誕生して来た意義をしっかりと把握していただきたいと思っております。

最後に、あなたの胸のチャクラ、もう少し働きがよくなるよう光を送りますので、胸のチャクラの活性化として受けとめてください。

——そうするとあなたのエネルギーを受け取ることで、一般の人も胸のチャクラの活性化に繋がりますよね。

もちろんです。あなた方が考えている以上に、胸のチャクラの活性化には意味があり、エゴ意識、魄と言われるものの力を押さえ、神性意識の発露としての大切な器官であります。

イメージで胸のチャクラが開くと思うだけでかなりの効果がありますので、普段よりいつも胸を意識して柔軟にしておいてください。

あなたの胸のチャクラがもう少し開けば、人格がいま一段と変化を生じます。より神性意識に近づきますので、今日試しにぜひ経験してみてください。

——ありがとうございました。

∞

国常立大神——すごい光であったのう。驚くばかりのまさに超新星の爆発に似た光であった。

——もう一度、うかがいます。私は今、アンドロメダ銀河意識とコンタクトをとったということに間違いありませんか。

国常立大神——さようなり。間違いはない。ありがたきことなり。

そなたにとっては信じられぬことの連続であろう。2012年は銀河新年なり。また忙しくなるのう。銀河がしゃべるとは誰も考えぬであろう。しかし、これもまた事実なり。銀河の意識なり。⦿《ス》の神がそなたにかかりてしゃべったことを思えば、納得がいくであろうか。事実をもって証明するしかない。

距離を越え、空間を越え、意識の交通は人間の意識をはるかに超えて、たしかに脳裏に響いてくるものなり。我々の銀河にありがたき次元上昇のための光をくださる。大宇宙の根源なる宇宙の意志、神の大意識に対して、人間は心よりの感謝を捧げなければならぬ。

（２０１１年12月18日）

S（シルバー）銀河意識のメッセージ

∞ ∞ ∞

ついにアクセスしたS銀河意識

天の川銀河より八千万光年離れている銀河のものです。

今日は、我々銀河の一つの生命体をご紹介します。目の前に車輪のように光の輪となって見えます。我々は、天の川銀河の兄弟として考えてもらえれば結構です。

このたび、天の川銀河全体の大きな進化の道をたどるために、我々銀河もまた、妹分のようなアンドロメダも、今年より天の川銀河に光の流入となります。画期的なかつてないほどの規模で光の流入が行われ、ワンランク上の次元上昇となります。

これからなぜ、このようなことが行われるかということについて簡単にお伝えします。

宇宙の本源の意志というものは、**より進化したものがそうでないものを手助けする、**というのが一つの法則としてあります。そうした本質的な宇宙の意志を、我々も行動に移していると考えてもらったらいいでしょうか。それが２０１２年から始まったということです。

――2012年のいつ頃から、光の流入があるのでしょうか。

後半になります。８月以降になります。

さて、あなたは現在も天の川銀河の導管として一日に二度、短い時間ではありますが、光を降ろしていらっしゃいますね。そして２０１２年3月からは、アンドロメダ銀河のエネルギーも降ろされるとのこと。

そこで、一つお願いがあります。我々もある時間を決めて銀河エネルギーを降ろしたいと考えております。そうしなければ、アセンションの実現が難しいからです。

――何時から始まるのでしたか。

朝の早いうちがよろしいのではないかと思っています。朝の7時30分から、おそらくあなたもチャネリングを終えて時間が取れるのではありませんか。

――そうです。よくお分かりですね。朝の7時30分から何分間ですか。

朝の7時30分から8時までの30分間、天の川銀河に我々銀河のエネルギーを降ろします。導管となってください。

あなたの仕事ですから、ご協力よろしくお願いします。まず一つ目にそれをお伝えします。我々は宇宙の神の意志をもった銀河ですから……。

――シルバー色をした銀河ということで「S銀河」というのはいかがでしょう。

結構です。良い名前です。
あなたは人の神霊治療的なこともやっていらっしゃるので、呼んでいただければ我々もまた協力します。すぐに飛んでまいります。時間の概念がありません。

——時間と言えば、我々とS銀河は八千万光年離れているわけですが、光の生命体の方が5秒で来れると言っていましたが。

そのとおりです。5秒もあれば十分です。一瞬で来ることができます。

——我々にとって、2012年はアセンションといって本格的な次元上昇、銀河の幕開けになりますが、私が得た情報ではアセンションというのは、天の川銀河とアンドロメダ銀河とS銀河の流入により次元上昇を迎える、アセンションの4分の3の根幹を占めるとうかがっておりますが、この情報で正しいのでしょうか？

それについてお伝えします。
今日、地球がいわゆるアセンション、5次元化するということ、我々兄妹銀河が、天の川に光の流入を許るということが大きな要因となり、その大部分を占めていきます。

――ベテルギウスの爆発によって、アセンション的なものが加速されるという話もありますが。

違います。我々の銀河の意図的なエネルギーの流入が、それを成し遂げていきます。ですから朝が大事です。これをしっかりと伝えてください。朝の7時30分から8時の30分間、我々は集中的に光を降ろそうと考えております。

――現在、何度かエネルギーが降ろされておりますが、一色加わることになります。アンドロメダが加わるとまさに七色になるのでしょうか。

今ここであなたに、我々銀河の本質的な光を見せておきたいと思います。

――これから降ろされる光は、宇宙の生命体意識というより、S銀河そのものと考えてよろしいのでしょうか。

はい、結構です。

――私はこれからベランダに出ますので、そこで光を感じます。よろしくお願いします。1分間待ってください。

（強力な光のシャワー、視界のすべてが光、光、熱感を伴うまばゆき光）

いかがでしたか。

――素晴らしい光に感動しました。あれが30分間流れるわけですか。気がへんになりそうですね。今までに味わったことのない巨大な光ですね。神の大計画、始まりましたね……。

こうしたことをなかなか人々には信じてもらえぬかもしれませんが、あなたはそれに関係なくやり続けてください。あなたは光の導管となることが、今回の大きな仕事です。ひたすらにこの天の川に光を降ろす導管となること。それがあなたの生まれてきた、大きな大きな仕事となります。

――アンドロメダの光とまた違って、たしかにあなたが兄弟分、長男という気がします。アンドロメダは、天の川銀河にとってのお姉さんという気がします。天の川とアンドロメダ銀河のエネルギーが止揚されたような、力強くて、輝きがあって優しさのある高級な感覚が伝わりました。

はい、そのように捉えていただいて結構です。

――そしてこのエネルギーは、8月後半過ぎて毎日流れてくると考えてよろしいですか。

はい、できるだけそのようにしたいと考えております。
次に、今地球人が食している食物についてお知らせします。
我々のせっかくのエネルギーが受け取りやすい人とそうでない人の二極化が生じてきます。とくに波動の粗い方は、我々のエネルギーを十分に受け取ることができません。その一つに、食べ物が影響しています。
波動の粗いものを食べると、バイブレーションに同調できなくなりますので、できるだけ穀物、野菜を中心とした食事をしてほしいと願っております。

――肉食というのは波動を粗くしますね。

そのとおりです。できれば魚のような物もほんとうは遠慮してほしいのですが、まあそれはよしとしましょう。

いわゆる玄米食、有機栽培の野菜を食べていただければ、我々の波調とも同調しやすいのだろうと思っております。

そのためにはまず、食事の改善です。穀物、野菜を中心とした食事です。

玄米もピンからキリのようです。品種やその土地によってかなりバイブレーションが違うようなので、我々の波調に合うようなものを食することが大切です。

無農薬のものをぜひ召しあがってください。農薬配布のものはＤＮＡを傷つけるので、これはよく注意していただきたいと思います。

また、病気の方に伝えます。病気といってもいろいろな原因があり、肉体的な病いから精神的な病いまであります。しかし一言でいえば、宇宙のエネルギーとかけ離れない、ここがポイントです。

ですから病気を治すためには、宇宙のエネルギーに波調を合わせればよいわけです。

地球上の皆さん、とくに病気の方は２０１２年8月より我々からのエネルギーを降ろしますので、どうぞ外に出てこのエネルギーを同調するように受けとめてください。必ず病気が改善することをお約束します。

かつて地球上になかったこのエネルギー、誰も経験したことのないこの波動で、病気が日に日によくなります。細胞にしみ込ませてください。必ず病気が改善することをお約束します。病気があってはアセンションも何もあったものではありません。そのことで頭が一杯で、前に進むことができないでしょう。まず病気の方、病気を改善、快復することから始めましょう。理屈ぬきで、私どものエネルギーを受け取ってください。長時間流します。

――あのエネルギーを30分間受けるというのは体力も必要ですね。

かつてない光の流入となります。

あなたは、今朝5時半に起きて1時間近く神のメッセージを取り、その後、少々の仮眠をとっておられますが、我々の7時30分から8時の導管になることで、睡眠不足になるのではないかと心配しておられるようですね。

――そのとおりです。よくお分かりです。

地球上の人間は平均7～8時間の睡眠を必要としておりますが、我々のエネルギーを受けるようになれば、それほど寝なくても大丈夫です。4～5時間の睡眠で大丈夫のようになります。したがって、あなたもそれをあまり心配する必要はないように思います。

――ありがたいことです。

その情報も同時に伝えておきたいと思います。本来ですと我々のエネルギーをストック、貯蔵するもの、ソーラー発電があるように、宇宙エネルギーを蓄電できるようなマシンがあればよいのですが、我々銀河にはそういうシステムマシンがありますけれども、ここにはそれがありませんね。もったいないですね。

――地底人の方からは丸い大きいアンテナのようなもので、エネルギーを蓄電する施設があるというようなことを聞きました。より進化した星では、それは当たり前のように行われております。しかし、地球上ではそれはまだ無理のようです。一日も早く、こういうフリーエネルギーの分野の研究が早急に望まれます。

将来、このメッセージを読まれた方があなたのもとを訪れる機会があるかもしれません。その際、我々銀河の光もまた協力させていただくわけですが、そこで一つの提案をしたいと思います。

まず人々には、瞑想状態になってもらいます。初めの5分間は眠るような波動になってみてください。とくに病気の方ですが、ガンの人、たとえばガンとしましょう。眠るような波動の状態、瞑想状態でその患部に意識を集中してもらいます。そこに意識を集中、このガン細胞に治ってほしいと語りかけます。同時に千人の方がそういう行為をしたとします。我々にはそれが分かりますので、それぞれの患部に光を放射、ビームのようにエネルギーを注入します。おそらくそれで3割ぐらいの方に瞬時に効果が現われることでしょう。

――すごいことですね。

治る方は即座に治ります。１００パーセントということを言えないのが残念ですが、３割ぐらいの方が治癒されると思います。それをぜひやりましょう。我々もそのことに協力したいと思います。

――即座に治るというのはすごいですね。ただ一つ心配なことは、その波動によって気が触れるといいますか、あまりにも波動が強力なために違和感を感じる、吐き気がする、いろんな不具合を生じる人が出るかと思いますので、非常に慎重にやらなければならないとも考えております。

あなたの場合は別に何ともありませんが、人によっては、急に腹が立ってくるとか、イライラするとか、そういう人が出てくる可能性もあります。慎重に押し進めてください。その人の浄化が進んでいないと効果が半減します。

――私たちが天の川銀河、アンドロメダ銀河、S銀河によってサポートを受けるように、あなた方もより上位の銀河のエネルギーによってサポートを受けるのですか。

あると言えばあるのですが、我々は終了しました。過去に体験しました。今度はあなた方の番です。今度は天の川銀河がその対象となります。

――分かりました。ありがとうございます。

∞

国常立大神――見ておった。素晴らしい光であるのう。私も感動した。すべての光のエネルギーが統合されて明るく輝きがあり、まさに完全に近い光なり。

また期待するところが増えたのう。人間にとって病気というものは脅威であるが、この方が瞬時に病気が治ると言われたのう。

――一瞬に細胞を変化させることができるのでしょうか。

国常立大神――高周波のような光によって一瞬に、まるで手当のように変化するのであろうか。どちらにしても、ありがたきことなり。この情報を偽の情報と思わず、地球人には受け取って欲しいものである。一度試してみてもよいのう。身近に患者がいれば……。

（2012年1月4日）

⦿《ス》の⦿《ス》の⦿《ス》の大神銀河意識のメッセージ

∞ ∞ ∞

大宇宙銀河の経綸のために降り注がれる最大のエネルギー

われはより本源の奥の銀河に位置する⦿《ス》の⦿《ス》の⦿《ス》の大神なり。

このたび、そなたを介してわが銀河のより本源の中心のエネルギーを送ることとなった。地球をはじめ太陽系、ならびに幾多の銀河がわれのこのエネルギーを受けて大変容するはずである。宇宙の大計画の大進化の一歩なり。

そなたは数年前より日本の神々をはじめ、銀河の神々の導管となってきたわけであるが、昨日よりわが本源の銀河エネルギーの導管となるに至った。

わが銀河エネルギーと他の銀河の違いは何かということを一言伝えておこう。

それは一言でいうならば、原初の宇宙を創り出した創造神のエネルギーに近いものである。

抽象的であるかも知れぬが、一言でいえばそういうことになる。

また、人間の細胞を根底から再創造、再生させる根源的な力を発揮しておる。そういうことになろうか。

そなたを通して新たなる宇宙銀河エネルギーが一色加わった。おそらく私の出現で他の多くの銀河、ならびに日本の、いや世界中の神々が歓喜をもって迎え入れておることが実感できる。喜ばしきことなり。

われもその喜びをわが喜びとして、勤《いそ》しみたいと思う。まさに宇宙の大経綸の発動なり。宇宙のすべての存在が生成発展、中心帰一、大収斂《だいしゅうれん》、巨大な宇宙の渦の中心に向かって伸び伸びていくなり。嬉しいことなり。喜ばしきことなり。

とくに日本の氏神はじめ、世界の神々が歓喜をもって私を迎え入れてくれているのが、よくよく分かる。

そなたは銀河と一体なりと言われているであろうが、またわれもそなたなり。そなたはまたわれなり。一心同体となりて、この大宇宙銀河の経綸を遂行していくようお願いしたい。

（2013年6月8日）

〔注釈〕

(19) **上虚下実** 肩に力が入らなくて、丹田に気がしっかりと収まっている状態。

あとがき

あれはたしか２０１０年10月13日のことでした。

伊勢参拝をすませた私に、明日から国常立大神《くにとこたちのおおかみ》のメッセージが降ろされることが天照大神《あまてらすおおみかみ》より知らされたのです。

翌日になると、実際に国常立大神のメッセージが伝えられ、それからは伊邪那岐命《いざなぎのみこと》、伊邪那美命《いざなみのみこと》、瓊瓊杵尊《ににぎのみこと》、木ノ花咲耶姫《このはなさくやひめ》、宗像三女神《むなかたさんじょしん》、素戔嗚尊《すさのおのみこと》、大国主命《おおくにぬしのみこと》や龍神など、名だたる八百万《やおよろず》の神々のメッセージが、毎日6カ月以上にわたり次々と降ろされました。

また、日本の神々だけに留まらず、外国の神々までもが情報を伝えてきました。そして最終的には、銀河意識、太陽系惑星意識、地底人、宇宙生命体とのチャネリングが開始されたのです。

こうして天の川銀河、アンドロメダ銀河、S銀河をはじめ、八百万の神々の一日に三十数回にわたる「導管」としての仕事が始まりました。

ついにこの惑星から、宇宙銀河エネルギー、ならびに日本の神々によるアセンション計画が本格的に始動しました。大宇宙、大銀河の奥の奥の奥の中心から計画されたシナリオがいよいよ実行に移される時がやって来たのです。

天空の波動が精妙となり、肉体の細胞が活性化し、ライトボディへの移行です。日本から世界に向けて光が発信されて行く――いわゆる「型示し」の始まりです。しかし残念ながら、地球人民としてのカルマの清算、大きな試練を乗り越えていかなければならないことも、また事実です。


皆さん、銀河をはじめ、惑星意識、草木一本に至るまで親しみを込めて話しかけてください。すべての存在が我々に注目しています。そして、すでに彼らはこの宇宙エネルギーを甘受しております。限りない愛情と慈愛をもって見守ってくれているのです。とくに太陽系の惑星が、同胞（地球）の将来に起こるであろう大難が小難ですむようにと、惑星エネルギーを送りつつ祈る心は、親そのものであります。

分離から統合へ、銀河、対我、一人ひとりが神意識に目覚める時代です。

まえがきにも記しましたが、私の霊的使命は、無神論者を有神論者にする一点にあります。

そのためにも全国のご要望の地で、銀河エネルギー、日本の神々の導管となり、S銀河などのエネルギー、ならびに麗しき女神の光を肌で実感していただきたいと考えております。

気がついておられない方も多いのですが、これらのエネルギーを今生、経験するためにだけ生まれて来た方も多数いらっしゃいます。どうぞ思い出してください。そして千載一遇のチャンスを無駄にすることなく、自分のものにしていただきたいと思っております。

宇宙エネルギーを受容する効果的な方法、ならびにテクニックなどはセミナーなどでお会いしたときにお伝えしたいと思います。

もうすでにお分かりの方もいらっしゃるかと思いますが、この本からはそのチャネリング本体のエネルギーが放射されています。日本の神々、宇宙生命体、銀河意識それぞれの個性が、光、エネルギーと変換されており、とくに霊的に敏感な方であれば、体が熱感を伴って感じられると思います。私の場合、銀河意識を読んでいると、その銀河の渦が霊視されます。

どうぞ体全体で各意識体の光、エネルギーを感受されてください。また違った意味で、この本の良さを発見できることでしょう。

最後に、発明光房代表・櫻井喜美夫《さくらいきみお》先生は太陽出版からすでに三冊の本を出されています。櫻井先生は日本の心霊界の巨星である出口王仁三郎《でぐちおにさぶろう》聖師の親族にあたる方です。二冊目の著書『出口王仁三郎の大復活』の補筆のページにも記されていますが、私自身に先生の指導霊、中国の仙人より伝えられたことがありました。

「この者（櫻井先生）の使命とは、霊的な力、エネルギー、パワーを形に表わす、形に作り上げるのが大きな役割。目に見える形で、わからない者に手にとってわからすようにエネルギー体を形として創造することが、そなたの役割である」と。

このように櫻井先生はシリウスの情報源をはじめ、卓越した指導霊のもと、人間の意識の次元上昇、アセンションに導くためのツールを発明していらっしゃいます。火と水を合わせもつ宝珠、そしてテラヘルツ光波動液（除霊浄霊だけでなく、野菜などの農薬除去にも効果あり）など。

こうして太陽出版さまともご縁がいただけたのも、櫻井先生との出会いでありました。改めて厚く御礼申し上げます。

また、太陽出版の籠宮良治社長、ならびに企画編集していただいた同社の西田和代さんにも心より御礼申し上げます。

全国各地で、セミナーを通して皆さん方とお会いできる日を楽しみにしております。そこでぜひ宇宙エネルギーを実感、体験してみてください。きっと一人ひとりの新しい時代への扉が開かれることとなるでしょう。

平成25年7月吉日

森中　光王

[巻末資料]

宇宙銀河と日本の神々のエネルギー日程表（３９のエネルギー）

	時間帯	エネルギー	天の川銀河からの距離	降臨日
1	7:00～ 7:30	〇スの〇スの〇スの銀河	10 数億光年	2013 年 6 月 8 日
2	7:30～ 8:00	S（シルバー）銀河	8000 万光年	2012 年 8 月 20 日
3	8:00～ 8:20	P（ピンク）銀河		2013 年 2 月 15 日
4	8:30～ 8:45	B（ブルー）銀河	500 万光年	2012 年 11 月 27 日
5	8:45～ 9:00	Y・P（イエローパープル）銀河	2 億光年	2013 年 6 月 22 日
6	9:00～ 9:20	Red（レッド）銀河	50 万光年	2013 年 2 月 3 日
7	9:30～ 9:35	天の川銀河		2009 年 4 月 10 日
8	9:40～ 9:55	大銀龍神（東京湾地下）		2012 年 2 月 1 日
9	10:00～10:15	阿弥陀如来		2012 年 1 月 25 日
10	10:15～10:30	G・G（ゴールドグリーン）銀河	1 億光年	2013 年 6 月 20 日
11	10:30～10:50	V（ヴァイオレット）銀河		2012 年 11 月 23 日
12	11:00～11:20	天津羽衣		2012 年 2 月 6 日
13	11:20～11:40	Z 銀河	3 億光年	2013 年 5 月 26 日
14	11:40～12:00	天照大神		2011 年 3 月 15 日
15	12:00～12:05	地球意識		2012 年 1 月 8 日
16	12:10～12:30	O・P（オレンジパープル）銀河	3000 万光年	2013 年 5 月 28 日
17	12:30～12:50	O（オレンジ）銀河	3000 万光年	2012 年 11 月 29 日
18	13:00～13:20	G（ゴールド）銀河	1000 万光年	2012 年 10 月 23 日
19	13:30～13:40	竜宮界		2012 年 2 月 15 日

20	13:40～14:00	Y・O（イエローオレンジ）銀河	500万光年	2013年 4月30日
21	14:00～14:10	湍津姫		2012年 2月 2日
22	14:30～14:50	P・P（パープルピンク）銀河		2012年12月10日
23	15:00～15:10	田心姫		2011年11月25日
24	15:30～15:50	B・P（ブルーパープル）銀河		2013年 2月11日
25	16:00～16:20	Y（イエロー）銀河	800万光年	2013年 2月10日
26	16:30～16:45	天河弁財天		2011年12月25日
27	16:45～17:00	R・Y（レッドイエロー）銀河	1000万光年	2013年 4月 4日
28	17:00～17:20	天照大神		2011年 3月15日
29	17:30～17:50	O（オレンジ）銀河	3000万光年	2012年11月29日
30	18:00～18:05	天の川銀河		2009年 4月10日
31	19:00～19:05	地球意識		2012年 1月 8日
32	19:30～19:50	月意識（地震軽減のため）		2012年 1月 6日
33	20:00～20:15	アンドロメダ銀河	230万光年	2012年 3月 4日
34	20:30～20:50	R・P（レッドパープル）銀河		2013年 2月13日
35	21:00～21:15	北極紫微宮		2011年12月24日
36	22:00～22:15	天王星		2012年 9月11日
37	22:30～22:50	W（ホワイト）銀河	700万光年	2013年 6月30日
38	23:30～23:50	L・B（ライトブルー）銀河	3000万光年	2013年 6月 4日
39	24:00～24:15	アンドロメダ銀河	230万光年	2012年 3月 4日

著者紹介

森中光王（もりなか・みつお）

1948年生まれ。ジャズシンガー、チャネラー。

出口王仁三郎聖師とのチャネリングにより、ペンネームを命名される。

2009年頃より、天の川銀河エネルギーの導管を出発点として、アンドロメダ銀河、そして本源となるＳ（シルバー）銀河の光の導管になると同時に、それらの銀河生命体をはじめ、シリウス、宇宙連合の生命体などとのチャネリングが始まる。さらに2011年10月からは、国常立大神とのチャネリングが開始し、日本の神々の復活、女神の台頭、日本の未来千年計画の実行が告げられる。

現在、銀河エネルギーと日本の神々のエネルギーを含めて39の導管として、地球の５次元化、光のアセンション化計画、宇宙の岩戸開きに向けて、日々活躍中。『出口王仁三郎の大復活』（櫻井喜美夫著、太陽出版）にて、櫻井氏との対談が収録されている。

ウェブサイト　http://mituomorinaka.sakura.ne.jp/
メールアドレス　morisei_7@yahoo.co.jp

[セミナー問い合わせ先]
全国各地で実際に宇宙エネルギーを体感するセミナーを開催いたします。ご興味がおありの方は、下記までお問い合わせください。
ウェブサイト　http://raichosha.shop-pro.jp/
メールアドレス　raichosha@gmail.com

大宇宙神業
～地球に降臨する39のエネルギー～

2013年9月20日　第1刷
2014年9月15日　第2刷

［著者］
森中光王

［発行者］
籠宮良治

［発行所］
太陽出版
東京都文京区本郷4-1-14　〒113-0033
TEL 03-3814-0471　FAX 03-3814-2366
http://www.taiyoshuppan.net/
E-mail info@taiyoshuppan.net

装幀・DTP＝森脇知世
［印刷］株式会社　シナノ パブリッシング プレス
［製本］井上製本

ISBN978-4-88469-780-8